郎文庫　14

鳥見のひかり／天杖記

新学社

装丁　水木　奏
カバー書　保田與重郎
文庫マーク　河井寛次郎

目次

鳥見のひかり／天杖記

使用テキスト

保田與重郎全集第二十巻（講談社刊）
保田與重郎全集第二十三巻（講談社刊）

鳥見のひかり

祭政一致考

日本書紀神武天皇御紀に、「四年《よとせ》春二月《きさらぎ》壬戌朔甲申（二十三日也）詔して曰《のたま》はく、我が皇祖《みおや》の靈《みたま》、天より降鑒《くだりひか》りて、朕が躬を光《て》らし助けたまへり、今諸の虜ども已に平ぎ、海内無事《あめのしたしづか》なり、以て天神を郊祀《まつり》て、用《も》ちて大孝《おやにしたがふこと》を申《の》べたまふべきなり、と、乃ち靈畤《まつりのには》を鳥見山の中に立つ、其の地を號けて、上小野榛原《かみつをぬのはりはら》、下小野榛原と曰ふ、用ちて、皇祖天津神を祭りたまふ」とあり、これ所謂肇國の大祭である。

古よりこれを以て後世の大嘗祭に當る大祭と拜して來つた。我が祭政一致の本義を思ふについて、最も重大な事柄であるが、こゝで我らの殊に深く慮るべきことは、この大祭が四年春二月に擧げられ、その詔の中に、「大孝を申べたまふべきなり」と詔はれてゐる點である。

今日この「大孝を申べたまふ」の御旨を解し奉つて、一般に「日本書紀通證」の說に從うてゐる。卽ちこの書には「神策皆皇天に從ひ、聖業悉く皇天に歸す、夫れ議を西州に建て、以て恢弘を圖りしより此に至る。百爾爲す所其意實に茲に在り、云々」とあつて、故に天津神を祭つて恩を謝し給ふ也と解した。この解は必ずしも不當でないが、重大な點で不足である。大孝を申ぶとは、神敕の事依《ことよ》さししまゝに完了し、即ちそのことを、幣物を置き足らはす形に成就し、こゝに神敕のまゝを復奏する祝詞申すことであつて、これが祭りの本旨である。又聖業の所以である。この幣物を置足らはすとは、今日の語で申せば手を下して開發生産するの意に當り、こゝに祭政一致の大旨があつた。しかも此は今日いふところの兵農の一致といふ以上に、廣範圍な國の經濟政治の全體にあまねくわたり、即ちまつりとまつりごとの一體を示すものである。さればこの肇國の始め、數年の歳月をおいて、始めて大孝を申べ給ふ大祭が完全に行はれたのである。即ち通證の解に不足ありとの意味はこゝにあり、この不足は、わが祭りと異國の新支配者の祭天の觀念とを別つ重大なところを曖昧とする懼れが多いのである。

　こゝにこの二點について一文を草したいと思つたのは、その理由の二三にわたる。祭政一致の本義を説く人の多くが、この大孝を申べたまふの詔辭については、殆どこれを通證に從つて語り、故にこの數年について强調した例を知らない。即位後四年目即ち中洲平定後六年目にして、初めて國の大幣をとつて、御親祭遊ばしたことは、畏き大御事實であり、こゝに當つては觀念や思想の言擧する餘地はないのである。されば祭政一致の本旨を説く諸々の宗教的觀念論はしばらくおき、自分はこの三年或ひは四年の期間について近年感ずるところを申し述べたい。これその理由の一つである。

　次に近來神祭りについて多數の論考の行はれる世相に面し、私自身の論をなしたいとはその二であるが、さらに第三の理由としては、現下の時局に直面して、不動の道の信念と日常の處生の教をこゝより考へたいからである。かゝる苛烈の情勢に到れば、平素よりして神州不滅の不動の信念と、その實感を生活と歴史の面に於てもたないときは、朝夕忽に周章狼狽し、つひに疑心暗鬼に領せられ、あげく奔命に疲勞することに、辛くも心を安心し、何の成果もない多忙の日常を暮すことによつて、漸く狼狽動搖する心を忘れると云ふ、非積極の生活に陷るのである。これは實生活と言論行動とに區別はない。昨の壯言者が一大事に臨んで、狼狽動搖と疑心暗鬼の巣窟となることは、戰國軍國の故實に例少くないことである。

　されど右に云ふところは、言論の表向の理由である。私が特にこれを誌したいのは、實に本年甲申歳は、鳥見《とみ》靈畤大祭より二千六百年に當るからであつた。自分は鳥見靈畤の山下に生れ、少年の日をそこに暮したものである。以前より鳥見靈畤の傳說地としては、大和國內に數ケ所を數へられたが、紀元二千六百年祭の聖蹟指定の機會に、文部省はわが櫻井町の鳥見山を、こゝと指定したのである。されば本年の鳥見山大祭二千六百年記念の祭りが、四月等彌《とみ》神社にて執り行はせられたことは、鄕人としてまことに感一しほのものがあつた。

　然るところ時局は今年の舊正月より熾烈なるものがあり、しかも人心必ずしも、これについて知るところ淡く、深く畏み愼しむすべをさとらずとも云はれ、我らの携る言論文學の面に於ても、却つて一段と暗然たるものがあつたが、時局の世界的激化の根柢には、人爲人力を以てこの世界戰爭を落着せしめんとする、内外の所謂戰爭の指導者等の、その人力の限界をすでに戰爭狀態が、突破したといふ事實を思はせるに足るものがあつた。戰爭がその指導者と稱する者の人力の限界を越えるときに到つて、戰局の內外が苛烈化し、即ちそれらの人々が、合理的に世界戰局を通觀し、これについての指導方針といふものを立て得ないといふ時は必ず來る筈である。この際に不動心を失つた言論政治は狼狽頽廢し、疑心暗鬼の狀態に陷るのである。かうしてあくまで人力で超えようとした者が、その限度に必ず到る時、そこに現出する人力の頽廢が、しかも戰爭の人爲的終結を企てて、こゝに想像を超えた混亂と激化の相を呈するのであらう。かゝる日に世界時局を支へ護るものが、實に神州不滅の信念である。神州不滅の信念は生活を離れた單なる觀念ではない。祈るだけでは神風は吹かぬなどといふ者は、神州の神の道の生活を知らぬ者なるゆゑに、わが神と祭りについて、わが土俗草莽の生活と歷史を、一應語つておきたいといふ願望もあつた。

戰局が人力の限度を超えた狀態より起る頽廢を憂ひつゝ、文人としてのわが微意をなさんと、去秋以來志してきたことが、あたかも今年の祈年祭の日にほゞ終了し、ついで三月中に完了したため、その月末に神武天皇祭とつゞいて鳥見山大祭をめざして歸省したのであつた。されどこれについては、殊さらしいことを申すのではない。それはわれらの鄕人の近來の習俗に他ならぬからである。

祭りについて申す上でも、私は別して難澁の觀念を語らうとするのではない。われらの草かげの民の生活と生計とが、神と一つになり、祭りを中心に營れてゐるといふ、先祖代々より子孫にかけて變りない事實の信を申せば足りることである。それは幾百年をくりかへし、年の初め毎にうけついで、何一つ變りないものであつた。この歴史こそは萬代不變の生活であつて、現世の政治權力史上の有爲轉變を尻目にして、不變一貫のものを中心に、たゞそれに仕へ奉《まつ》るべく、祭りのための一年をつみ重ねてきた永遠の歴史である。生活も生計も神の事依さしに仕へ、神恩を謝す一年の祭りの内にあつた。生活は祭りと一つであつた。私が一見したある宮座の數百年に亙る記録は、その本文としては、年毎に何の變化もない行事記録を記し、仲間の相續や出奔や官の賞罰さらに出征從軍といつた、この世の大なる歴史と、個人の重大なることさへ、實に紙背に誌してゐたのである。その宮座の記錄では、それは表に誌すことでなく、紙の裏に誌す出來ごとであつた。不滅必勝の信念の根柢は、けだしかゝる祭りの事もない傳へを別にしていづこにあるか、と私はむしろ愕然としたことである。けだし我らの日常尋常の思慮を領してゐるものは、悉くは近代の知識と判斷であつた。

　さて今年の神武天皇祭當日のことは、その日の天候の異常について別に誌したのである。されど神武天皇祭の日の天候が、常に異變多く、肅然嚴然と畏きものを思はせることは、その文中にも云うた如く、我らの知る限りでは以前よりの例であつた。されど今年は特に異常な天候と思はれたことである。この日朝來快晴だつたが、橿原を中心として國內《くんなか》では、その夕刻より忽ち大雨來り、やがて豪雨は雹に變り、つゞいての雷鳴激しくて、つひに交通を失つたほどだつたが、宇陀の山中《さんちゆう》の方では、時ならぬ春の大雹に、樹木が折れる騷ぎだつたと、訪れた者の語つたことである。

私は今年も神武天皇祭から鳥見山御親祭記念祭を越えて、なほ一月ほどを郷土に暮したのである。鳥見山大祭は二千六百年目と云ひつゝも、時節がらさほどの賑ひではなかつたのは、土地の人ほどに他國では考へぬからであらう。しかしこの祭りの日、わが町の小學校で餘興の活動寫眞を見せ、山田孝雄氏の講演會もあつたが私はそのいづれも見聞しなかつたので、どのやうな有樣であつたかは知らない。

そのころ土地の若い人で、知識のことに關心の多い者らが集つて、神武天皇の中洲平定の御聖業のことなどをしのび奉るうち、中洲御平定御即位より鳥見の御親祭の間までに、書紀によれば六年ないし四年といふ長い期間のあることについて、疑問を味つた由を云ふ者があつた。時節がらであるから、祭政一致の我國に於て、軍政と神祭りの不可分の大事については殊にこの地方の人々は、つとに教へられ、知つてゐるといふ以上に、關心するところ深いのであらう。この疑問は今日の神祭り尊重の思想から考へて、ありうることと思はれたのである。さうしてこゝで自分は、我々が祭りをなすといふことの習俗として、普通に考へてきたことで、何の疑問もなかつたことを、これからの若い人や、都會の人、或ひは半分都會化した田舍の人らにも、合せて云うておく必要を思つたのである。

普通の民の祭りについても、先祖代々の祭りをなし、その祭りによつて、代々の生命を傳へてきた人々が、あまりに何でもない普通事と考へて、ことさらに語らぬことを、今では都會の人や、直接生産を離れて了つた支配層の人々は、全然知らないのである。當事者にあつては、たゞのしきたりとして、當然のことと、祭りの中で事もなくうけ傳へられるものである。これはつまり、祭りの本質本體となるものはどこにあるかといふ問題であらうが、それが當事者には、餘りにも日常のことであつた。しかしこの言ひ方を一歩間違ふと、國際神話學や國際民俗學となりきるのである。このために私は大嘗を中心にする祭政一致を改めて强調したい。そのために、わが太古に神と共にいとなまれた神祭りの全生活を、ことさらに整理しようとか、合理化しようとの考へはないが、祭政一致に於て神祭りの全生活を眺めない時には、その生活の細部にかゝづらつて、しばしば國際的宗教學との區別を忘れ易いのである。このことは、廣く好學の若者に、注意してもらひたいことである。私は舊來の賴もしい努力の結論だけを、がむしやらに否定するのではない。さうして大嘗新嘗を中心にして、祈年大嘗の線を强調する私の考へ方を、殊さらの目的からたてた合理主義だと考へる人に、しばらく猶豫を願ひたいと思つてゐる。祭政一致の意味に於て太古の神祕的な宗教的習俗のみにかゝはる民族と民俗の學問を私は十分に警戒したいのである。如上の近代學が間違ふといふことの原因は、極めて造作ないことだから、その間違ひを避けるには、祭りをしてきた村人の心と生活とで考へるとよいと思ふのである。天壤無窮神州不滅の實感が、どういふ形でわが土俗の祭りの生活の中に現れてゐるかといふことは、それが口にされる必要もないほどに强くしかもめでたいものであつた。

元寇の時に、春日若宮の神官中臣祐春の詠じた、「西の海よせくる波も心せよ神のまもれる大和島根ぞ」といふ和歌は、今日では誰知らぬ者がないほど有名であるが、この一首は、その字句の表現に於ても、よく神に奉る歌の格を守り、ことばの表のみやびはきはめて大様な、自信満々とした歌がらであるが、それだけに今日のあわただしい人々からは、何か一言足りぬやうに、考へられはせぬかと思ふほどである。しかしさうは申しても、下句、殊に末句の、大和島根ぞの一語は、一語千鈞の重みに、怖るべきほどのものがある。神州不滅の信念とはけだしかやうなごやかな現れをなす大安心にて、これが根柢は、平素より神に仕へ奉り、祭りに奉仕してきた人の生活の實感である。さらに私の感嘆禁じ難いのは、この歌の詞書に「異國の事きこえ侍るに、神國たのもしくて」とあることで、かやうなやさしくて堂々としたことばこそ、神を祭る歌心が、まことの國風として現れたものだが、作者その人に神祭りの實感なくては、決してあらはれぬものであらう。されば方今のがさつで野卑な喧嘩言葉の横行の中では、殊さらに感嘆禁じ難い古人の心ばへであるが、かやうなことを申しても、神國神祭りの實感をもたぬ人は、かゝる云ひ分を必ず憎みわめくにちがひない。されば自分はこれを憎む人に、神國の祭政一致といふ由來と本旨と、合せて今日の實務處理についての感想にまで及んで云つてみたいと思つたのである。

神武天皇御紀を拝讀すれば、天皇御親祭の記事は二ケ所に現れる。一つは丹生川上の御親祭で、今一つが鳥見山の御親祭である。これらの祭りは、いづれも今日の敬神思想風な行爲觀念からは、想像し奉るすべもないほどに、重く尊く靈異のものであつて、單に今の人の考へ行つてゐる類の、尋常の神拜や祈誓とは、全く異つたものである。この單なる神拜と古の祭りとが異るといふことは、今いふ大祭小祭の區別ではない。その精神や趣旨は、古も今も神拝も神祭も、大祭と變りなく一つであるが、こゝに祭りの道理を現し、祭政一致の原因を明らめる上で、祭りをたゞ思想觀念として云ふ人を警戒するために、祭りとは今日考へる單なる敬神や神拝でない、又祈願でもないといふことを、あへて言擧げするのである。これは、多少人を驚すやうな論調だが、聞き分けてもらはねばならぬところである。

　この丹生川上の御親祭は、實に軍陣中の祭りであり、しかも異常に重大な状態下に行はれたのである。卽ちその時に當つて皇軍、敵中に包圍され、孤立するといふ重大戰局に於て、日本書紀には次の如く誌されてゐる。「賊虜《あだども》の據る所、皆是れ要害《ぬみ》の地なり。故道路絶塞《たちふさが》りて通る可き處無し。天皇惡みたまふ。是夜《こよひ》自ら祈《うけ》ひて寢《みね》ませり、夢みたまはく、天神有《あまつかみま》しまして、訓へまつりて曰《のたま》はく、宜《う》べ天香山《あまのかぐやま》の社の中の土《はに》を取り、以て天平瓮《あまのひらか》八十枚《やそき》を造り、亦嚴瓮《またいつべ》を造りて、天神地祇《あまつかみくにつかみ》を敬ひ祭り、亦嚴咒詛《いつのかしり》を爲《せ》よ、如此せば、則ち虜《あだ》自らに平《むき》伏《したが》ひなむ、と、天皇祇《つゝし》みて、夢の訓を承り、依りて以て行はむとしたまふ」とあり、この御親祭は、宇氣比て夢の訓に從ひ給うたのである。この宇氣比とは深い神道の事實である。

　しかるにその時既に皇軍に歸伏してゐた弟猾が夢の訓の神託と同じことを奏上したのである。さきの文のつゞきに、「時に弟猾《おとうかし》、又奏《まを》して曰さく、倭國の磯城邑《しきのむら》に、磯城八十梟師《やそたける》有り、又高尾張邑《たかをはりむら》（或本に葛城邑と云ふ）に赤銅《あかがねの》八十梟師有り、此類《ともがら》皆天皇と距《ふせ》ぎ戰はむと欲す。臣竊《やつこひそか》に天皇の爲《みため》に憂へまつる。宜《う》べ今當に天香山の埴を取り、以て天平瓮《あめのひらか》を造りて、天社國社《あまつやしろくにつやしろ》の神を祭《いは》ひて、然《さ》て後に虜を撃ちたまはゞ、除《はら》ひ易けむとまをす。天皇既に夢辭《ゆめのをしへごと》を以て、吉兆《よきうらなひ》と爲たまふ。弟猾の言《まをすこと》を聞しめすに及びて、益懐《みこころ》に喜びたまふ」こゝには弟猾に神託があつたか、否かについては誌されてゐないが、この人必ず神祇に深い關係があつた人であらう。さてこゝに於て使者が派遣されることとなる。「乃ち推根津彦に弊衣服《やれぎぬ》及び蓑笠を著せて老父の貌《すがた》に爲《つく》らしめ、又弟猾をして箕《み》を被せて、老嫗《おむな》の貌に爲らしめ、」その準備は終つた。かくて椎根津彦と弟猾が敵地へ潛入して、天香山の土を採るのであるが、この出發に當つて、天皇は勅して曰く「汝二人天香山に到きて、潛に其の巓《いたゞき》の土《はに》を取りて來り旋れ、基業《あまつひつぎ》の成否《ならむならじ》は、當に汝《なむたち》を以て占はむ、努力《ゆめ》愼め」と重大なることを宇氣比て勅せられた。これは實に深祕の神道に立ち給うた重大な勅である。「是の時に虜兵路に滿《いは》みて、以て往還《かよ》ふこと難し、時に椎根津彦乃ち祈《うけ》ひて曰はく、我が皇《きみ》能く此の國を定めたまふべきならば、行かむ道自ら通れ。如し能はずば、賊必ず防禦《ふせ》がむと。言ひ訖りて徑に去《ゆ》く、時に群虜《あだども》、二人を見て、大いに咲《わら》ひて曰く、大醜《あなみにく》や、老父老嫗と。則ち相與に道を闢きて行かしむ。二人其の山に至ることを得て、土を取りて來り歸《まゐ》れり。」この椎根津彦の宇氣比に現れた畏命奉行の志は、鬼氣迫る感がするのである。大命奉行の志とはかゝる重大を負荷するとされたものである。さればこゝに兩者無事に任を果し天皇に成就の復奏を申して、奉行を完了す。「是に天皇甚《いた》く悅びたまひて、乃ち此の埴を以て八十平瓮天手抉《あめのたくじり》、八十枚嚴瓮《やそぎのいつへ》を造作《つく》りたまひて、丹生の川上に陟《のぼ》りて、用ちて天神地祇を祭ひたまふ。則ち彼の菟田《うだ》川の朝原《あさはら》に於て譬へば水沫《みなは》の如くに咒着《かじりつ》くるところ有り」天皇は神勅のまゝに親祭を行はせられた。かく神勅をうけて、しかも神勅に示さるゝまゝを成就し、それを終つたことを奏上するのが祭りの本義である。申すも畏き第一代の天皇御親祭の場合さへ、この例にもれぬのである。しかも成就の證は、天香山の土を以て平瓮嚴瓮を生産するといふ具體的な形に現れる。この具體的生産に神慮の事依さしが附隨するのであつて、この生産を別として、祭りの證はないのである。しかもこの時の祭りの執行については、人力を超えた難事が附隨し、嚴肅絶對にして怖ろしいまでの宇氣比が伴つてゐたのである。この人力を超えたものの成就によつて陣中重大の祭りはなり立つのである。これ絶對の信仰に立ち、神と共にある者にのみ許される決斷である。軍陣中の祭りは實にかくの如く不動の神道の信に立脚するもので、單なる安心のための人工と思つてはならぬことが、實に人皇御一代の天皇の大御教である。

しかるにこの時の御親祭には、さらに重い祈誓《うけひ》が後に行はれた。初めの夢訓と天香山の土の他に、その後の水無飴と浮魚のうけひである。乃ち天皇御自ら水無くして飴《たがね》を作ることを祈《うけ》ひ給ひ、さらに嚴瓮を丹生の川に沈めて、大小の魚を柀《まき》の葉の流れる如くに醉ひ浮かせんことを祈ひ給うた。この成就によつて、此國を定めることの成否を卜はれたのである。申すまでもなくこれいづれもが、絶對の神慮にまつ以外に實現の方法のないことである。この丹生の陣中の御親祭はかくの如く人爲を以て如何ともならぬ苛烈な宇氣比が附隨してゐたのである。多少でも、試みといふ意識に於ては、この祭は成立せぬのである。然もすでに二瑞が行はれた。陣中の神祭は、かくまで嚴肅苛烈なものであるから、なか〳〵人爲の殘る心境を以てしては、想像し難いものである。これ卽ち皇軍の神威の畏さを現すものである。

かくてこゝに天皇は、御自、高皇産靈尊を顯齋《うつしいはひ》し給うた。この顯齋といふのは、御自、その神となりまして、行はせ給ふ祭りの如くに拜察せられるのである。これも亦奇しく尊い祭りである。此の時の日本書紀の本文をひいてみると「天皇又因りて祈《うけ》ひて曰く、吾今當に八十平瓮を以て、水無しにして飴《たがね》を造るべし。飴成らば則ち吾必ず鋒刀《つはもの》の威《いきほひ》を假らずして、坐《ゐ》ながら天下《あめのした》を平《む》けむと。また祈ひて曰く、吾今當に嚴瓮を以て丹生の川に沈めむ。如《も》し魚大小《いをおほきちひさき》と無く悉に醉ひて流れむこと譬へば猶柀葉《まきのは》の浮《う》流くが如くならば、吾必ず能く此の國を定めてむ。如し其れ爾《しか》らずば終《はた》して成る所無けむとのたまひて、乃ち嚴瓮を川に沈めたまふ。其の口下に向けり、頃《しばらく》ありて、魚皆浮き出で、水の隨《まにまに》に噞喁《あぎと》ふ。時に椎根津彦見て奏す。天皇大いに喜びたまひて、乃ち丹生の川上の五百箇《いほつ》眞坂樹《まさかき》を拔取《ねこじ》にして、以て諸神を祭《いは》ひたまふ。此れより始て嚴瓮の置《おきもの》あり」

「時に道臣命に敕したまはく、今高皇産靈尊を以て朕《あれ》親ら顯齋《うつしいはひ》を作《な》さむ。汝を用《も》ちて齋主《いはひぬし》と爲して、授くるに嚴媛《いつひめ》の號《な》を以てせむと。而して其の置ける埴瓮《はにべ》を名づけて、嚴瓮《いつべ》となし、又火の名をば、嚴香來雷《いつのかぐつち》と爲し、水の名をば嚴罔象女《いつのみづはのめ》と爲し、粮《くらひもの》の名をば嚴稻魂女《いつのうかのめ》と爲し、薪《まき》の名をば嚴山雷《いつのやまつち》と爲し、草の名をば嚴野雷《いつのぬづち》と爲したまふ」

即ち私は人皇第一代の天皇の陣中唯一の御親祭の大略を申しつゝ、それによつて、今日の戰時言論の一傾向に對して、痛烈なる反省を求めたのである。神を申し祭りを語る者は、何よりもそのことに畏み愼しまねばならぬのである、私は神道を思想として主張するのではなく、祭りの精神を思想運動として唱導するのでもない。我々の先祖代々が仕へ奉つてきた氣持を語ることによつて、軍國を守り亂時を支へる國人のこゝろと思ひの事實を現し、それによつて結れるものの徳用《さきはひ》を信じて疑はぬのである。

　私は我らの民の心に傳つた血の回想をよび起す幸《さきは》ひの文學をなすのであつて、すめ神の御名により、又は古の神の道の教へによつて、近代の思想運動の一つをなさうと企てる者ではない。

　丹生川上の御親祭には、申すも畏き神威の奇《くし》く烈しいさまを拜したのであるが、こゝに神威をかくの如くに拜した者は、これを土臺として鳥見の大祭を考へ、その上で祭政一致の本質の現象の面を今の處生の道に悟りたいのである。鳥見靈畤の大祭が所謂橿原宮の底つ石根《いはね》に宮柱太知り立て、高天原に千木高知りて、肇國《はつくに》しらし給ひし日より、書紀年表にして三年を終へ行はれたことについて、注目した者さへ今日では少い。從つてこの三四年にこだはつて、祭政一致についての時務の説の本旨を立てた人もさらに知らないのは、あるひは私の淺學不注意の故かもしれぬ。しかしけふのあわたゞし、神道復興の日に、わが故里の若者らは、この期間を長しと味ひ、それについて、人に問ひ難いやうな愼深い疑問をもつたのである。これがもし日本書紀の紀年年表を疑ふ近代の學者ならば、この年表を簡單に縮めるかもしれぬ。後代の卽位大嘗祭の例を以て考へる人も、卽位後の一年ないし四年については、疑ひをもたないのである。されど自分としては、この四年といふ、卽ち四年ないし滿三年に亙る期間が、聖業としての御東征の尊さの證と拜される。とりもなほさず祭政一致の實體を現すものであつた。それは國の體制であり、制度、組織として、ひいては社會と道徳の根柢である。卽ち書紀のしるした三四年の期間は、祭りの準備期であり、かゝる祭りの準備期のない祭りは觀念宗教にいふ祭りにすぎないのである。この三年は祭りの準備であると共に、その準備こそ實に祭りの生活であつた。こゝに國の連續した生產によつて考へるなら、一年で足りることであるが、この度は東征肇國なる故に、三年ないし四年を要したのである。祭りは急ぐことも出來ず、わけなく延長することも出來ないのである。けだし神敕の奉行完了を復奏し奉ることだからである。卽ち眞の祭政一致としての肇國聖業の大本は、この三四年の期間を基として考へ、こゝを中心にして聖戰が神祭に歸する所以と、その事實を考へねばならないのである。

　しかるにこの三四年といふ期間の實際については「古事記」「日本書紀」の二書には、明細を誌さず「古語拾遺」にその詳細を述べてゐる。かゝる點こそ、この書の有難いところであり、その選者齋部廣成の志の尊ばれ來つた所以であつた。今その文章を平敍すれば、「こゝに中洲は治つたので橿原に都をたて、大宮を經營《いとなみつく》る。仍ち天富命は命をうけて、手《て》置帆負《おきほおひ》、彥狹知《ひこさしり》、二神の孫を率ゐて齋斧齋鉏を以て、山の材を採て正殿《みづのみあらか》を構立《つきた》つ、云々、故其裔今も紀伊國名草郡御木麁香《みきあらか》二郷に在す、云々。天富命は齋部諸氏を率ゐて、鏡、玉、矛、盾、木綿《ゆふ》、麻《ぬさ》等種々《くさぐさ》の神寶を作る。櫛明玉命の孫は、御祈玉《みほぎのたま》を作る。其裔は今も出雲國に在し、年每に調物と共に、その玉を進る。天日鷲命の孫は、木綿乃び麻幷びに織布《あらたへ》を作る。仍ち天富命をして、日鷲命の孫を率ゐて、肥饒地《みやところ》を求めて、阿波國に遣され、穀と麻の種を殖う。其裔は今も彼國に在り。大嘗の年には、木綿、麁布及び種々の物を進る。云々。天富命は更に沃壤を求め、阿波の齋部を分つて、此を率ゐて東上《あづま》に往き、麻穀を播《ま》き殖《う》ゑしむ。この好麻の生《おひ》る所《ところ》を總國《ふさのくに》と云ひ、此の總國は、後に上總、下總の二國に分れた。また穀木の生る所を結城郡と謂ふ。阿波忌部の居る所を安房郡と名づけたが、今の安房國である。天富命は其の地に太玉命社を立て、此が今の安房社である。故に其の神戸には齋部氏が有る。又手置帆負命の孫は矛竿を作る。其裔は今も讃岐國に在つて、年毎の調庸の外に、八百の竿を貢る。卽ち肇國以來の故習を守つてゐる證である」と誌してゐる。

　これは齋部氏の家の傳へであるから、専ら齋部氏のことを述べてゐるが、この三四年間の全國開發と生産の狀態の知られる尊い記事である。こゝに於て我々は肇國の祭りの準備とは何であつたかを知り、特に今日の祭政一致の論の根本の教へとなさねばならぬのである。經濟や處生や政治の根本も、實にこの大御事實にあらねばならない。又聖戰が祭りであらねばならぬといふこともこの教へによつて悟れば、方途自ら明白である。卽ち商業や、徵發の輸送によつて、如何に祭壇のまへを飾らうとも、それは商人の祭りである。かゝる祭りの旺んさに於ては、又しても物量の國に勝つや負けるや保證の限りでない。我らの素樸に考へる聖戰は、たゞ一途肇國の日の三四年の事實にかゝるのみである。實にこれこそ天職を守つて、我らの土俗に傳へた祭りの事實である。

　されば廣成が他の記事と比較を絶して、この肇國大祭について詳述した眞意によつて、千三百年後の今日に、わが祭政一致の道が、如何に現實の正直不變の根本信念であるかを教へるものである。

しかるにこの記述の中で、特に注目すべきことは、こゝに肇國大祭の生産に仕へ奉つた人々は、高天原に於て天神の事依さしのまゝに仕へ奉つた業を、そのまゝうけ傳へてゐるといふ卽ち天職相續の一事であり、これは、神敕の事依さしのまゝに生産に從ひ、その使命完了の上に、幣物を進つて祝詞を奏上することに於て、祭りが完全に成立するとの意を現すものである。廣成の當時に於ては、すでにこの天職相續の精神と事實が、國家の制度組織化のために、殆ど崩壞せんとするきはにあつたのであるから、この記述をよんでそれを思へば、この老翁の悲懷に、まさに感に耐へぬものがある筈である。

こゝに書紀の云ふ三年の期間は中洲平定後、卽位前の二年間と云ふ期間と合せて、全國の開發生産の聖業從事であり、それが祭りの準備であると共に、神敕を奉行する現實生活であつた。されば神敕奉行の完成としての、所謂聖戰貫徹の大旨とは、生産された物産を、幣帛神饌として進つた時にあるわけである。かくて完全な幣物を大前に横山の如く置き足らはし、祝詞を奏上することが祭りを完全に終る意味である。この時、祝詞の主節は、神敕を旨とし、それに完全に仕へ奉つたことを復奏する形で成立す、それについては神敕の事依さしのまゝに、完全に仕へ奉つたといふことが不可分離の關係でふくまれるわけである。

古語拾遺の記述に從へば、「爰に仰いで皇天二祖の詔に從ひ、神籬を建てたり」とある。この意味は天孫降臨の時の神敕に從つてとの謂で、別にこの時に改めて神敕があつたといふのではない。これも重大な點で、高天原のまゝに行ふのがわが祭祀の根本になるのである。記紀に現れた天降りの時の神敕は、天壤無窮の神敕、神鏡奉齋の神敕、齋庭之穗の神敕、同床同殿の神敕、神籬磐境の神敕、侍殿防護の神敕の六つが重いもので、このうち初めの四つは皇御孫尊に賜つたものである。しかもわが國體の根本は、すべて初め三つの神敕に現れてゐる。この三神敕が一體であるといふことが、わが祭政一致の根本であり、人民の仕へ奉る道の萬代の原理であつた。

かくて古語拾遺の記述はこゝより肇國祭典の記述に入つてゐるが、これ實にわが歴朝祭祀の根本の古典である。

さてこゝに考へるべきことは、わが古例、踐祚即位の儀式よりも、所謂即位大嘗祭を以て重しとされた事實であり、このことは、唐土の觀念的な天子繼承の祭典と、わが大嘗の異る一大眼目である。實に古語拾遺の明らかにしたところもこゝにありと考へられ、その記述はかゝる心づもりによつて心讀すべきものである。この祭典を誌した古語拾遺の文章は二つとない尊い國の祭祀の古典であるが、近代の常識では、即位と大嘗祭を離して考へ易く、こゝが種々の俗論の入る所ゆゑに拾遺の記述と書紀の年表を照し合せる場合も亦深く注意すべきことであらう。

即ち中洲平定より六年、即位より三年をへて、鳥見靈時に於て、大孝を申べたまふ御親祭を遊したのである。故に鳥見山御親祭を以て、重き意味の即位大嘗祭と拜せられる。大嘗祭が皇位繼承の上で最も重いものであることは、神敕に從ふとの意味よりも解せられ、こゝに祭政一致の本義があるわけである。かくて六年ないし三年といふ書紀の期間の意味が、この大旨の上で明らかとなるのである。この卽位大嘗祭の眞義を拜察し奉らねば、わが祭政一致の本旨と、唐土の天子祭天の繼承行事のけぢめが明らかでないとの意味は後述したいと思ふ。また霸者や幕府に於ては、例へ今より旺んな觀念的敬神があつても、皇國の祭りがないといふ眞實も合せて云ひ、こゝにわが祭りと唐土の祭天思想の根柢の區別を明らかにしたいのである。

古語拾遺に明らかにされたやうに、祭祀の根本は、神敕に完全に仕へ奉る意であるが、これを換言すれば、天職を相續して生產に當る。つまり高天原の故事をそのまゝに傳へて、かくて神の事依さししまゝに仕へ奉つた時に、祭りは完成される。しかもわが國生產の根本中心は農であり、さらに米作りである。これは人の生活としては、祈年祭より大嘗祭に亙る期間を以て現され、これを年といふ。一定不變にくりかへされ、しかも萬代無窮の神敕に仕へ奉る道である。

さて六月十日天皇陛下には御自ら吹上の水田にて御田植を遊ばした事を、都下の新聞紙に拜したが、その文に、農事奬勵の御思召を以てと報道し奉つてゐるのは、甚しく恐懼に耐へず思はれたことである。畏き御思召を拜し奉ることはともあれ、聖上陛下御自ら一年の米作を親しく遊され、播種より刈入れ迄を御自ら大御手を下し給ふと拜聞するのは、天孫降臨の時の神敕のまゝを、今の世に傳へ給ふ最も尊い大御わざである。申すまでもなくこれ神敕のまにまに大御政事を聞しめし給ひ、こゝに萬世一系天壤無窮の大御事實の根幹を拜察するものゆゑに、今日の新聞紙の報道に恐懼を味つた次第である。されば都下の知識人のかやうな思想と記述の發するところとその論理を、明らさまに指摘批判することは、さらに恐懼を思つて耐へないものである。

米作りについての神敕と申すのは、「わが高天原にきこしめす齋庭《ゆには》の穗《いなほ》をもて、わが御子《みこ》によさせまつるべし」の神語にて、齋庭之穗の神敕と云はれるものである。この神敕と天壤無窮の神敕が、一如の關係にあることを、我々は深く考へねばならない。しかもさういふ國の根幹大本の畏き御事實が國の民の生活の中に如何に傳つてゐるかを考へたいのである。これを申すことが、我らの祭りの手ぶりを語る意味である。

こゝに丹生川上の御親祭に思ひをいたし、これに對應して鳥見山大祭を考へる時、この大祭の準備としてあつた期間について、思ひ及ぶものがあるのである。平時ならば、大嘗祭として考へ申すべきことであるが、肇國異常の日の鳥見山大祭には、必ず長期の準備があり、これが卽ち祭りの生活であつて、常ならば米作の一年である。かく祭りと生活の一體の關係をなすところに、この鳥見山大祭の教へがある。卽ち祭政一致の大事實を思ふ者は、まづこの大祭について考へねばならない。

わが祭政一致の根本と、天壤無窮の神敕の實感は、實に祈年祭と大嘗祭を結ぶ生活の中にあつたのである。(註　昔は大嘗と新嘗に稱への區別はない）これ卽ち農を國本となす思想の原因であり、わが祭祀の根源である。近來祭政一致の思想がしきりに唱へられるのであるが、近代的俗神道說を無視して、これを大體に於てみれば、主として水戶學の流れを追ひ、旨として會澤氏の「新論」の説をとる。それはけだし一種の觀念論である。さればこゝに於て、我々は民間私の祭祀祈願に於て、生産に携る者の祭りと信仰と、直接生産に當らず生産の上に臨み、支配の生活に携るものの祭りと信仰との間に、事實觀念の兩面で大差あることを思ひ、祭りといふことについての土俗の中に、如何なる形で神州不滅の信念が生活としてあるかを考へたいと思ふ。けだし生産に携らぬ者の信仰は勢ひ觀念と化し、これは必ず祭天敬天の信仰に結びつき、神の事依さしに仕へ奉るとの實生活を味はないのである。

即ちこれを要約すれば、祈年祭と大嘗祭を中心にして祭りを考へるとの意味であり、それは同時に生産に仕へ奉る民の祭りと祈りの實感によつて、祭政一致に仕へ奉るわが民の心を顧みようとするのである。然も申すまでもなく、大嘗祭の祭りこそわが祭政一致の中心である。さればこゝに農を國本となす意味は、この祭祀の根本が農だからである。今日の開發經濟の問題についての原理と教へも必ずこゝに感受し得る。さらに祈年祭祝詞などにあらはれる「事依さし」の語によつて、本邦固有の勤勞奉仕の思想の實體を考へたいこともその一つである。

しかるに今日の民間に行はれる祭祀思想は、必ずしもこの祈年大嘗の線にそつて説かれてはゐないのである。これは一面から云へば國本に關する三神敕を各々觀念的に分離して考へた結果である。けだし「新論」の著者の如き武家の思想家に於ては、この三神敕が、民の生活に於て一體として實感される所以を了知せぬのも當然と思はれる。祭りと生産生計が一體となる事實は、「事依さし」に仕へるといふ生產の業に從はぬ階層の人々には了知されぬからである。政治面の生活者には現勢の有爲轉變の歷史があつても、先祖代々不變の天職繼承と萬代不朽の信は、觀念の道としてしかないからである。かくて士人階級は觀念の永遠として、天を祭るところに落着したのである。されば又祭りの思想の復興と共に、これを旺んに語る人々も、神敕を觀念の信仰に止め、祭りの準備としての任と業に當つて、その實感を味ふ點では、未しく思はれるのである。

しかも神祭りの思想は、復古維新の思想の根柢であり、鎌倉幕府以來御一新に到るまで、つねに維新革新の思想の根幹をなしてきたものであるだけに、思想といふ面では、その意味が純化した點も多いが、祭りの根柢をなす不滅の信を生活の實感でとらへる側は却つて薄れた傾きも多いのである。

國家革新をめざす思想が、祭りをふりかざすことによつて、祭りの本質がどのやうに變化されてきたかといふことも、今日我々が考究すべき問題である。しかもこれらの思想が、公家武家その他一般の智識支配階級によつて信奉されたゆゑに、祈年より大祓を重視し、やがては祭りは祓であると考へるに到つた。こゝにも神道の觀念化の一要素があり、さらに此に關聯して御一新の神祇官の大教宣布の思想の根柢について、今日こそ深い態度を決定せねばならぬと考へるのである。

されば我々が、祭政一致の本義として語らうとすることは、民治を考へた幕府的論理に立つ敬神の思想ではなく、勸農のための共同祭祀の必要から立てられた支配者の祭天の論理でもない。我が國固有の神道を素樸に生きてきた民が、天つ神の事依さしに仕へ奉り、即ち現世で大君の知ろしめすところに仕へ奉つて、祭りを終へる生活生計の事實である。しかもこの事實こそ、我が國體に仕へ奉る道であると共に、國體を己の日常、わがうちにありあり奉ずる道である。これらの子細を申すためには、國際宗教の影響を多分に受けた今日の思想としての信仰と異つたものを考へねばならぬのである。我々は事依さしに仕へ奉り、生産に従ふ者の信仰を考へるのである。これは都會人、商業者、知識生活者、政治家、興行師、水商賣の者、その他一般に投機面に於て生きる、近代の都市生活者の信仰と大差あるものである。さればこれらの投機性生産者の狂信はしば〳〵見聞するけれど、その限度に於て、丹生川上御親祭の畏怖嚴然たるさまは思ひ及ぶべくはなく、又今日の生産増强に敬神の振附のみを示すものらは、鳥見山大祭に現れた祭政一致の本旨に習ふ上で、遙かに遠いものと思はれるのである。しかし私は時務を云ふよりも、祈年大嘗を貫く生活即祭の意義を明らかにすることに、大旨ありと考へるのである。時務應用は、その德用として自ら明らかとなるからである。

事依佐志論

わが祭政一致の道が、所謂大御寳なる民の生活に如何に現れてゐるか、卽ち大御寳は如何にしてそれに仕へ奉るかについて、こゝに二つの觀點から考へられる。その一つは「事《こと》依《よ》さし」に仕へる道であり、今一つは「祖《おや》のつかさ」といふ思想である。かりに今日の言葉で思想と申したが、これ實に生活そのものであつた。結果的にはこの二つは當然一つのものであつた。

この事依さしといふことは、今のことばに換言し難いが、神あるひは天皇が依さし給ふことであつて、この語は古典にしばしば現れてゐる。祖のつかさの方は、すでに奈良時代の中ごろには、大伴氏の遺訓といふ形で、家持が三つばかりの歌によつて、早くも思想として整理されてゐるのである。今のわかりよい言葉で云へば天職相續といふ意味だが、封建の世襲制度の弊風のみを了知してゐる現代人には、この上代の天職相續の眞義は了解し難いかとも思ふ。とまれ義より利を思ふ後世の眼からは、利といふものが大多數の人心を占めてゐなかつた上代の醇朴と、その人心の上に存立してゐた天職相續の制の眞義の理解されぬのが當然である。

思ふに大化改新に當つて氏族制を廢したといふことは、今に當つて深く考へねばならぬ事實であつて、その改新の建前として、公有の理念がどの程度の復古に卽してゐたかの一點は、恐らく壬申の亂を解く祕鍵となるであらう。氏族制下に天職の事依さしに仕へ奉る思想と、改新の公有の理念との差異は、その「公有」の思想と今日いふ「所有權」や「私有財產」との間の差異以上に甚しかつたと考へられるのである。

これを考へるために、財についての制度及び思想の變遷を歷史上で考へる必要があつた。大化改新時代に於て、旣に人心は利を追ふ心によつて支配され、それが舊來の氏族制の堅城によつて頑强に利を獨占したことは、制度そのものの末期現象にして、これを以て上古氏族制時代の天職相續の實相を現すとは云ひ得ず、又その現象に立つて古に遡り、その制度を推測することも出來ないのである。改新時代の上下人心がすでに功利の途に生きてゐたことは、事依さしに仕へ奉る心を失ひ、その意味の天職の產業を行つてゐなかつたことを意味する。こゝに於て、末期現象の革新によつて、功利權勢を公平に分配開放せんとする、利權に立脚した革新家と、これに對し天職相續の復興にそうて、神武天皇祭政一致政治への復古を念ずる派が、改新の前期に於ては、自らに打倒の現勢目標を一つとして、一見聯合の形をなすが、その目標打倒後には、その異る精神は、雲泥の對立をなさねばならぬこととなる。卽ち大化改新の復古精神として、志ある人々の間では神武天皇祭政一致時代への復古を期した者があつたことが知られるのである。

こゝではたゞ結論のみを云ふのであるが、奈良時代中期の國風の思想を後代に傳へた大伴家持にあらはれた主節も、まさしく事依さし奉行と祖のつかさ護持を云ふものであつた。武門大伴の遺訓とした勇士の名を振へとの教へは、實に「祖《おや》の名を繼《つ》げ」との教へであつた。祖の名をつぐとは何か、たゞ「差任《さしまけ》る心さやらず」大君の任《まけ》のまにまに仕へ奉る一事である。大伴氏が「大君の邊にこそ死なめ」と歌つた遺訓の根柢はこゝにあつたのである。朝令を拜することが差任《さしまけ》るとの意味であつて、その際に心さやらず純一無雑にたゞ任《まけ》のまにまに赴き、且つ大君の邊にこそ死なめと歌ふことは彼らの祈願であり願望であつた。大君の邊に死すといふことによつて、祖の傳へた職をつゝがなくわが一代に守り、かくて祖の名を絶たず、わが名を立てうるのである。大伴氏は武門である。武門とは御門守《みかどまも》りを職とし、この大伴の世職を高天原より傳へた。卽ち天上にて始つた職にて、爾來神武天皇以降千三百年とつゞいた天職である。この天職を守ることが名を立てる所以であつた。されば家持が憶良の歌に後より追和するとの形で歌つた、勇子之名の歌は、實に上代に於て勇子の名とは何を意味したかを、わが家の傳へによつて教へんとしたものにて、思ふに當代の一般人にあつては、さういふ古の精神が早くもいたく衰へてゐたことを現すものである。近世の立身出世個人榮達の名でもない。さらに進んでは英雄主義の名でもないから、西郷隆盛が大事をなす人の心構への上で排斥した名ではなかつたのである。大伴氏に於ては、かやうに今なら名もなき草かげの民の分に甘んずると云ふ氣持に通じて、無名と云ふにふさはしいものを、重々しくも名とよび、その生き方を無雙に尊んだのである。

これは天職を以て君に仕へ奉つた頃の人心を現す一事である。この君に仕へ奉る敬虔の情は國の基であつた。されど家持の時代は既に近江朝廷以來の遺習いよ〳〵強く、制度國家の體制ほゞ整ひ、天職の制は遂にはたゞ式典の演出にのみ殘るのでないかとさへ危まれ、殆ど頽つて瓦解せんとしてゐたのである。さしもの大伴氏さへ、家持の代に到つてつひに高天原以來の天職を失はんとするかの時運に會し、故に彼が「大君の邊にこそ死なめかへりみはせじ」と歌つたことは、熱腸捻轉の情を、この遺訓と、遺訓を彩る天孫降臨以來の勤皇の史蹟にそゝいだものである。かゝる意味で彼が、この時の詔書に大伴氏の代々の忠義を思召され、その家の遺訓「大君の邊にこそ死なめのどには死なじ」との祖の教へを守り、今の朝廷にも赤心變りなく仕へ奉れと、特にこの歌を詔書中に曰うたのに對し奉り、恐懼感激に耐へなかつたが、「のどには死なじ」の語を「かへりみはせじ」との形で奉答したのである。のどには死なじは異常な死の決心をしてゐるとの意であるが、顧みはせじの方は、たゞたゞ命のまに〳〵との志を現すものである。けだし「のどには死なじ」といふことばを志として述べることが、すでにあまりにもけはしく響く政治的事態にあつたからであらうか、當時の切迫した政治情勢については續日本紀に明白である。

此の詔書の渙發が實にさういふ政治的事態に大きい關係があつた。當時の大伴は即ち「朝守り夕の守りに大君の御門の守り我をおきて人は非じ」と祖の代々が誇と責を無上に念じつゝ傳へて來た、天職の御門守りから嚴密に云へば離されてゐた。それは國家の職官制度化の當然の結果だつた。大君の邊で死すといふ家の譽は、その職に結びついたものであつた。それは大君の御爲めに死すといふ觀念上のことでなく、天職相續の現實生活を現す言葉だつたのである。これを思へば、かゝる時の奉答賀歌の中で、詔には「のどには死なじ」の句を拜しつゝも、それを措いて今一つの家の歌により「顧みはせじ」と歌つた臣子の情は、萬代の後の仁者を泣かせる敬虔無雙の心遣ひの現れと思はれ、古人の歌に一句もかりそめになし得ぬ理由を悟るのである。こゝで制度國家とよんだものの內實は、古來の氏族制にかへて唐風の律令と官僚制度を立てんとした革新機構を云ふのであるが、これ實に聖德太子以來の懸案にて、必ずしも大化改新を以て發端とせぬ、されど改新の中心なりし藤原鎌足は、當時激增した唐風の學藝家を率ゐ、所謂新官僚の巨頭として初めは內廷の大臣卽ち內臣となり、やがて內大臣といふものに新しく任じて、その威を振つたのである。これを以て思ふに大化改新の推進力には二つあり、一つは天職制度の復古をめざし、他は唐風をとる新官僚群であつた。されば蘇我石川麻呂が改新直後に祭政一致政治を主張したことは、唐風の新官僚群との激突まぬがれ難き形勢下の決斷である。石川麻呂が改新政治に當り、新政の大綱をのべる上で、祭祀を第一とすると唱へ、滿廷群臣の論議を一排したのは、大化改新の最高頂であるが、この一語の意味するところは單なる神祇崇敬の觀念論でなくして、祭政一致の復古をめざして、物慾野望權力慾が新制度機構によつて利の再分割による功利の滿足をなさうとするものを一排し、さういふ利權開放ないし再分割の根性を斥けて、肇國原初の國家體制への復古をめざしたのである。

今日の歷史は一概に大化改新の原因を氏族制度の頽發として說いてゐる。故に改新直後の朝廷で、祭政一致の復古派と儒風の新制度國家模倣派の分裂した機微にふれない。しかも模倣派の本心は革新を名として、その內心は利權の奪取に立脚したといふ事實に思ひ至らぬのである。さらに石川麻呂によつて復古派が大化改新の決定をなした大事實をも忘れてゐるのである。故に石川麻呂及びその勢力の陰謀的虐殺によつて、始めて儒風官僚が全面的に登場し、都を近江に遷しこゝに新制度國家の基礎を堅めんとし、つひにこれが壬申の悲劇の因をなしたことを考へない。さらに鎌足が內臣（內大臣）といふ模糊たる權勢に位置して、學藝家（官僚）を指揮した深刻な機微を察しないのである。歷史の鑑としての教へは、必ず再現せぬと云へるけれど、深刻な符節の合ふところのある事實を悟らねばならない。

要するに大化改新前の氏族制度は、天職相續の制度の殘存形式を物慾專制の野望心が支配し、かくてその弊の極るものがあつたのは當然のことである。こゝに於て神武天皇大御代の事實のまゝに、天職相續制度への復古を思ふ者は、心情純潔の者に多く、利慾物慾の機構化を排せんとし、一方にあつては、物慾と私利が舊來大貴族によつて獨占さるる現狀に對し、これの公平な分配をめざすものが改新的學藝家であつた。學藝家卽ち新しい官僚制度の中心となる者である。かくて大化改新の底の潮流は二つの推進力よりなつてゐたのである。天職相續の實相とは神武天皇祭政一致の政治を典範とする。けだし「古語拾遺」の誌すところであるが、記紀及び萬葉集、ないし「舊事記」「姓氏錄」等の古典及び古典籍によつて、特に今日研究する必要がある。

今日、大化改新の表面の知識によつて、一概に氏族制天職觀念が、人材閉鎖の惡制と考へることは、その愚笑ふべきものである。天職にあつては財產の觀念が今と異り、且つこの制度は功利物慾專制慾等の榮達名譽を壓へる嚴制であるが、必ずしも天分暢達を抑壓する制とはならぬ。もしかりに今日に當つて考へても農に科學あり、兵にも農學の面が必ず起つてくるのであるから、天職相續は如何なる社會狀態に於ても天才の抑壓とならぬのである。のみならず、天職相續時代に於ては、利といふものの支配がなかつたから、職の高下貴賤もなく、いづれの生產も祭政一致の執行上、重要さでは區別がない。米を作る者と、食器を作る者と、武器を作る者との間に重要さの區別はないのである。つまりいづれも祭政一致の奉行の上では輕重ないのである。國と國民全體がこゝに歸一してゐるから、あるものは自然の順序のみであり、職の上で國家目的から云つて輕重ない。一が重く一が輕いと云ふのは歸一せぬことを前提とした判斷である。その間自然の順序の重さ輕さを云ふ上では、天皇の大御饌に仕へ奉る大膳職のものを、殊に重く見た。けだし至尊の最も御近に仕へ奉る意味からであるが、この判斷は大樣にしてさながら古代である。かく天職にあつては、利による職の貴賤なく、功利による野望を嚴に抑壓するだらうけれど、これは我らの望み願ふところである。申すならば、事依さしの間隙に私意私利を企てることが功利の基にして、所謂幕府出現の根本である。

石川麻呂の死によつて、復古精神は一瞬朝廷より衰へたのである。かくて壬申の亂に於ては大化元年六月十二日の一擧、卽ち大化改新の實行面を擴大したる點があつて、しかもこゝに至つてつひに言論を絶する一大事を出來したことは周知である。これを以て思ふに、中大兄在廷の逆臣を斬り給ふことは、これを道より見て間然するところなく、しかるに吉野の皇子、復古派の精髓を率ゐて東し給ふや、神助神風あひまつて然も一大事出現し、一瞬天日暗雲にかくれて、つひに史上空前のこととなつた。我らこれについて批判をなし得ず、たゞ人麻呂に和して、この千古無雙の歌聖の慟哭に即するのみである。

さて大化改新の根柢には、二つの推進力があつたのである。申すまでもなく、これ一切の原因でなく、原因は内外の情勢と、舊來の時運積弊に待つもの多いのであるが、最も有力な革運の實踐力はこの二つの力であつた。我らのこゝに云ふことは、大化改新の一方の勢力として、神武天皇祭政一致制への復古を考へた氣運の存在したとの一大事である。天職の根源は祭政一致と一體だからであつた。

奈良の都の朝廷に於ては、かゝる復古精神は一段と後退してゐたのである。すでに天武天皇の朝廷に於てすら、復古精神の恢弘が大御心のまゝに進んだと申せぬことこそ、壬申のことを思ふにつけても、慨《うれた》き限りに拜せられる。かゝる故に天平も勝寶寶字といふ程に到れば、國勢未曾有の强盛を加へ、その威力を殆ど東亞に振ひつゝも、國内徐に騷然とし、鬱々の志は四散せず、花の天平の人心は、國史上例なきほどに尙武の峻嚴さを發揮し、多少の政治力をもち一黨の巨頭たる人物にて、天壽を全うしたものは殆どないといふ狀態は、聖德太子攝政以前にあへて劣らぬさまであつた。所謂咲く花の匂ふが如き天平の文化は、激しい政治的野望と權力との爭鬪裡に生れ、一歩一歩斷崖をふみしめてゆく如き人心によつてつくられたのである。それは史上類なき男性的野望の爭鬪時代であつた。しかも君列臣列の分をわきまへることの敬虔だつた上代のことゆゑ、政治力の巨頭は必ず皇族に坐した。この間駿々として、事ある度に勢力を增大して止まなかつたのは新官僚の徒にて、これが首領となつたのが、新興の貴族たる藤原氏の一門である。されば聖武天皇が佛教に大御心を傾け給うた原因の一つとして、藤原氏を盟主とする官僚の一派、また舊貴族の一派の竝立に對し、漸くこれに鼎立するの實力を備へるに到つた佛徒の勢力といふものを考へる必要がある。こゝに聖武天皇が一時藥師寺に御座して、大政をとり給ひ間もなく譲位遊したのは、天皇御受戒、大佛禮拜と未曾有事の續出した天平勝寶元年のことであつた。ことさらに想像する天平裏面史觀でなく、大御歌の御雄々しい國風を拜して思ふところである。

かゝる事態と經過を以て考へれば、天平の末家持が事あれば大伴氏の家の遺訓を歌ひ、今日からみて思想といふ形にまで形作りあげたといふことは、今の我々から見てこそ無上に感謝すべきことであるが、それをなさねばならなかつた時代のその人の悲懷を思へば、詩人のそこはかとないことばに祕めた激情のほどに、感動に耐へないものが味はれる。同じことを「古語拾遺」一巻に描いた齋部廣成の場合は、さらに時代が下るだけに、悲懷専ら露骨に現したのであつた。この翁の心こめて描かれた上代の事情とても、事依さしといふことの解明と祖のつかさ卽ち天職相續の精神であつた。

明治維新に於ては御一新直前の朝議に當つてなほ、延喜復興と、神武天皇祭政一致時代への復古とが諸臣の議に對立し、民間處士の間では、專ら神武復古の說がなされてゐた。復古政治が單に精神や觀念を云ふだけなら、神武天皇と申すことも、神代と申すことも、延喜御代と申すことも容易であつた。しかしその結果を見ると、神武天皇祭政一致の政治は精神として守られ、制度典禮の國家威儀面では、延喜を改變した形で公示せられたかの觀が多い、祭政一致の體制は延喜式による觀念儀式の復興によつては成立せぬのである。延喜復古派の思想の根柢は、儀式典禮を旨とし、祭式をたゞ觀念宗教によつて解するところに生れる。これ祭政一致とは申し得ぬ所以である。けだし祭政一致政治は、德川といふ一幕府機構を倒すだけでは成立しないのである。人心の根柢を生活に於て神ながらに一新する大業だからである。こゝに於て御一新の大業は端緒につき、ほゞ神武天皇祭政一致政治の途をめざさうとして、幕府瓦解の瞬間にはこの意を體した漸進主義をうち立てた感がある。

かくの如く申せば前代の賢相名臣を輕んずる如くであるが、それは然らざることにて、歷史を見て、この日になされた難事大業を味ふ點私は何人にも劣らぬのである。かくて明治初年の朝廷に於せられては精神に於て、神武天皇祭政一致をめざされたのであるが、この難業たるを思つて、當然その眼目たるべきものを單なる精神運動に變更し、或ひはこれを以て國教設定運動を以て充當せんとした宗派教團的一派によつて、早くも暗雲低迷したことは遺憾と云ふさへ口惜しいことであつた。けだし明治初年の國教制定運動の根柢は、觀念でこそ尊貴無雙の國體を說きつゝ、事實は他國の國際宗教に對して、相對的觀點を殆ど出てゐない新國教の制定にあつたのである。

諸外國、主として西洋諸國の文明開化と對抗する意圖より、わが國教の統一を計つた運動家等は、實に輕率な決定を事神祇に關して行つた感がある。されば神武天皇遙拜に關する神祇宣、卽ち神祇官示達は御一新の基本條項に對する申譯的態度とも見られ、その遙拜所は全國鄕村に設置されたが、これが現存するところ幾許あらうか、しかもこの遙拜所設置が大教宣布と相合して、國教設定運動家を作つたことは畏き限りと思はれる。

かくて神祇官周邊の人々がなしたことは、相對的國教を考へることと、そのために神道を觀念化し思想化することであつた。

神道を名として新宗教を作らうとする運動は、今日の日本的世界觀を作らうとする時務論と共通するものであつて、神道を國際宗教と對抗する意味の相對的宗教となさうとしたことが、神祇官瓦解の根本をなしたのであつた。この神道の觀念化は、かく申せばすでに文明開化運動の一翼である。しかもこれによつて七十年の歷史がどのやうに變貌して了つたかはともかくとして、今日大東亞共榮圈の皇化が考へられる上で、極めて遺憾と評すべき影響殘存がなほ多いのである。明治神祇官の考へた神道は、古來の神道でなく、また國學の神道でもない。かうした流れの一思想を以て、大東亞共榮圈の皇化原理とすることを、私は不可能と考へるのである。皇化は强制でなく、所謂佛や基督流の宣教でもないのである。祭政一致はさやうなものでなく、最も正直質實の生活の中に道のあり方をさとすものであるから、所謂危機の人心に於てのみ勢力を振ふ國際宗教ではない、又かくならしめてはならぬのである。

こゝに於て神武天皇遙拝所設置の示達に對して、建白を奉つた者がわが郷土にあつた。わが郷國は山陵御所在地であるから、天照皇大神宮と神武天皇を竝び宗とする明治初期の國教設定準備運動に於ても一根據地となつたのである。私はこの運動については深くは知らないが、國教設定運動に對する一般の同情は少ない。されどそれは神武天皇奉齋に對して冷淡であるといふ意味ではないことは、近世大和に於て如何に神武天皇奉齋が、土俗の中で根強く支持せられたかの事實を見れば明らかである。

しかも神武天皇奉齋の事實は、徳川幕府の異常な斷壓下に傳へ行はれてゐたのである。その一件の文書は、大和の人保井芳太郎翁が三十年の苦心努力によつて蒐集したのであるが、その中には「志願問答」の如き貴重の一巻もあり、これには水戸光圀の楠子碑建立を前置として、光圀何故に楠子の爲めに建碑せるや、楠子何故忠臣なりや、と説きすすんで人皇第一代の天皇を奉齋する意味を强調したのは、所説穩健のほど見え、けだし作者凡庸の人でなく、元祿の初期國學を代表する誰人かの手になるものであらう。思ふにこの一書こそ國學の創成期に出現し、今の橿原神宮奉齋についての近世最古の文獻であるが、その作者の名も知られぬことは、國ながらの民心にゆかしい限りである。さらにこの無名筆者が、日本書紀を基としてゐるのも國學前期の人なるを思はせ、しかも俗神道や宗派神道の臭氣少なく、かゝる時と人に必ず伴ふ佛教臭もないと云ひうるほどである。

さて幕府の時代にまづ神武天皇山陵の復興と神社建設を説いた人々には寺家の者が却つ

て多かつたのである。大和古寺の寺僧は葬儀を業とせず、皇室古蹟の管理に任ずる機會が多かつたから、自ら生活超然たる間に、學文によつて道を味ひ、史蹟の感化によつて、大義を回想したのであらう。古道大義の體得は、學文を經とし史蹟を緯とするのである。初めに云うた建白も、實に法隆寺寺僧の手になるものにして、遙拜所設置をよろこび、それについては一村ないし數村聯合の遙拜所を嚴齋して、その傍に學校を立て、神武天皇の遙拜と學校を併行せしめよと建白してゐる。また時務に通ずる者の現實言であつたが、さればこれはわが近代の小學校教育としては、つひにその後も行はれなかつたところである。

徳川幕府の思想政策としては、專ら皇統の大御事實を民心より冥くする方針がとられ、畏しとも畏きことながら天照皇大神宮を尊敬する民心傳統のまへに東照大權現を竝べ奉るかの如くに、その祭祀政策をしむけたのである。されば純粹の國學者が、神代を旨といふに反し、水戸流の儒系史論家や、山陽流の過激の政論家は事ある度に、幕府の最も畏れる神武天皇を眞向に奉り、かつて楠子兵學を說いてきた志の猛なる兵學家も、幕府の怖れる神武天皇の御諡を兵學の冠に戴いた。神武天皇崇拜の精神は、實に幕府の根柢を碎き貫んとする氣魄だつたのである。かくて今日の一部の國體明徵論からは、光圀山陽流の歷史論の冒頭は非難されるけれど、これ實に當時の慷慨時務の現れである。されどこの時務論的關心が、さらに一段と大道を貫いた觀點より出て欲しかつたといふことは自分も常々思ふ繰り言に他ならない。

されば國學の神代復古の氣運が、徐に天下の人心と士氣を風化した頃に、大鹽中齋が大坂に旗擧げするに當つての檄文には、天照皇大神の御代に復し難くとも、四海の民が神武天皇御政道の通りの御取扱をうけるまでにいたしたく念ずると述べてゐるのは、か丶る人心と士氣を慮つた中齋の細心の文章と思はれる。すでに中齋を中心とした志ある大衆は、その思想に於て、神武天皇の御代を申すことを一擧に超えて、神代を云ふ形勢にあつたのであらう。しかしこの文章については、こ丶に描かれた限りでも、今日の思想文化を思ふ者が深重に考へ、深刻の批判を中齋のこれを書いた思想に立ち入つてなすべきである。文化の政策や宣傳といつた時務の根基を堅める上でも、それはなすべき肝要だと思ふが、こ丶でそれを云ふのは拙稿の趣旨でない。たゞ一言で云へば、こ丶で中齋の考へた政治運動的な表現の根本となつたものや、それによる人心動員の期待は、本質上で謬つてゐたので甲斐ないことであつた。我らの同情をひくところで誤つてゐたのである。正にこの絶代の英傑のため遺憾とするところである。

されば中齋の政治的にねらつてゐた觀念的政治的大衆とは何であらうか。それは中齋の期待すべき大衆であらうか。それを私は疑問とするところである。しかし今日はさういふ問題はふれなくとも、神武天皇祭政一致への復古と神代への復古に、如何なる具體上の差異があるか、この點を明らかにすべきであると思はれる。觀念的復古論の重大な謬りは、さういふところで神代人代を劃然區別し、かくて皇神の道が今の現世にも多々あることを忘れ易いからである。明治御一新に於ては神武天皇御時代への復古は、觀念的に宗教運動として說かれたにとどまるのである。維新政府によつて、湮滅した山陵史蹟はほぼ恢弘されたのであるが、祭政一致の政治が事よさしのまゝに行はれた點は未しい限りであつた。

幕府が神武天皇關係の史蹟と信仰を衰滅させたことは、以前より明らかであつたが、同時に山陵復興の一語はうてばひびく如くに、維新の祈り言葉として通じたのである。されば幕府末期、伴林光平が「むかしたれ神のあら陵田に墾りてかかる嘆きの種を蒔きけむ」と歌つた、切々の歌も、思ひ直ちに幕府の叛逆に通ずるものであつた。この間のことを神武天皇の土俗信仰によつてみても、一段と明白であつた。祕かに天皇を奉齋し、何の誰様とも御名を稱へぬ間に時變にあつて、子孫は傳承を曖昧にするのである。されば俚人がカンヤサンと稱へてきた山間の小祠が、神武天皇の大御名を訛り傳へたものであつたといつた、畏けれどもなつかしく尊い事實も近代に發見せられたことである。

御一新の精神として、神武天皇大御世への復古が說れ、現實それに卽しきらなかつたのは、標語の問題ではないのである。神代を目標として、新しい神武天皇にたどりつくといふやうな俗說は一排せねばならぬ。せめて神武天皇の御代をと云つた中齋風の政治的發想も、しばらく傍におきたいと思ふ。問題は祭政一致の理解につきるのである。

これを云ふために、事依さしと天職を考へる。天職は家持の歌つた歌では、大伴氏の遺訓として、祖のつかさと稱へられてゐるが、高天原以來の天つつかさにて、世職たるものをつぐことである。故にこの事依さしを語るためにはまづわが祭祀の事實と、祭天の思想との異同を明らかにせねばならぬ。進んでは宣長の考へたわが古の道のおのづからなるものと、老子の教へにいふ虛、あるひは無といふものを、思想的に別たねばならない。しかるにこの點に於て篤胤以後の學風には遺憾と評すべきものが多いのである。まことに法隆寺僧の建議した如くに、神武天皇遙拜と學校を結びつける代りに、遙拜を國教運動者の手段としたことは痛恨事であつた。さらに相對的國教運動が、大教宣布の聖旨を謬つたことも一大痛恨事であつた。されど大教宣布の聖旨は、神ながら今も我らの微志をみそなはし給ふであらう。我らは聖教に仕へ奉らんとするのであつて、神ながらみそなはし給ふままに、一念のほどを申すのである。つねにわが行爲に神助あるを信じ、且つわが行爲とは、われらのうつせみの勤勞と神助との合一に於て初めて行爲となるといふ事依さしのみちを念とし、現身の苦難あればそれは罰にあらずして、事依さしの道のまにまにの相であると思ふ。これ微志を立てて、大事をあへて言擧する心境である。

事依さしは詔として命ぜられるものである。しかれば命令と受命の關係であるが、ことごとく委任されるのではない。命《みこと》を拜してこれに仕へ奉るのであつて、その成果を復奏した時に、事依さしは終了するわけであるが、命を拜して奉行する間は、つねに詔を下し給つた天皇或ひは神と、民との間は斷たれることがない。卽ち叡慮つねに奉行者をみそなはす。神命敕命を體して行ふことは、俗に申せばお代りとして行ふ意味にて、この奉行を仕へ奉る道と呼ぶのである。故に事依さしのまにまに仕へる者は必ず神助天佑を常に大樣に戴いてゐるとの意味をもつ。しかるに今日、人力を盡さずんば神助なしと云ひ、或ひは神助盲信を警しめる者が少くない。これらはよほど幼童にさとす云ひぶりとしても如何かと思はれることにて、一般に正直な生活をなしてゐる者に對しては、實に未しく言葉足らぬ云ひぶりであつて、それを云ふ者が果して事依さしに仕へ奉つてゐるかを疑はせる場合が多い。我が國人の解する人間の努力とは、すべて事依さしに仕へ奉る道でなければならぬ。かくとすれば、神助天佑はつねに頭上にあり、むしろ天佑神助の導くまゝに努力する人爲が、とりもなほさず事依さしに仕へ奉る日常の生活である。事依さしの理を知らない日常生活では、人爲人力と天佑神助を二元的に考へることとなるのである。かゝる場合の必勝不敗の信念は、或ひは物量の合理判斷となるか、ないし觀念的となり、教派宗教的昂奮から一箇の迷信に顚落し、それらはつひに日常末端生活の安心立命點とはなり難いのである。事依さしに於ては、人爲人力の努力と天佑神助とは一つである。

天皇の大御わざはすべて天つ神の事依さしを受け給ふものゆゑに、天佑を保有し萬世一系の皇統を繼ぎ給ふ大御事實を詔せ給ふのであつて、異國と異る我國の表現である。わがみちに於ては彼の云ふ如き、絕對神も超越神もないのである。君の絕對は自然の絕對に通ひこそすれ、人爲觀念の絕對とは凡そ無緣である。異國にては仁政善治によつてその王位は保有され、民治に對する責任の遂行に於て神助を期すると考へるのであるが、我國に於ては、つねに天佑を保有し給うて萬世一系の皇祚を踐み給ふのである、わが國の善治仁政は人爲人力の結果でなく、さらに天位は一般革命の王位の如く、政治結果として保持せられる人工の位ではない。されば善政仁治は既定のことだが、これを布き給ふについて仁とか善の判斷に立つ代りに、おのづからの天然に立脚し、これを再現し給ふのが所謂祭政一致である。卽ち祭政一致は、仁政といふ如き形で政治學の判斷原理となるものでなく、道徳の根基をなす道の生活を以て立つものである。これが儒教以來近世に到る政治學的觀點と異るわが國の原理である。かくわが國が神ながらの原始を根本に傳へつゝ、今日の列強間にあつて、世界一新の體勢をなしてゐるといふことは、眼をみはつて驚嘆すべきことである。これを思ふに我ら今こそ奮起して祖の名をつぐべき時である。

天佑神助と人爲人力の關係は以上の如くであつて、我らが正直に祖の教へを守り事依さしに仕へ奉る生活に於ては、必ずその生活がつねに神に見守られてゐる故に、天佑神助を保有するとの大確信に立つのである。すでに申した如く、皇軍必勝の信念の根柢は何かといふに、皇軍の命は實に敕命として傳へられ受けられる、この間に皇軍が何者かに委任されることはなく、如何なる最高指揮官と云へど、敕のまゝに奉行し命の貫道に於ては、大將も一兵もみな等しく仕へ奉るところの臣の列に他ならぬ。かくて命の神ながらの絶對と、その奉行と復奏が規定事實としてある點で、卽ち今次戰爭に見る玉碎とか體當りといふ、崇高な大命奉行の事實が發揮されるのである。かくて事依さしに仕へ奉るために、使命を完全に貫き、その途中の障害を一切排除する過程に於て、國民の聖戰貫徹が戰線銃後を問はず奉行されるわけである。この實踐原理は、近代政治思想から發する革新的諸運動の思想とは異り、一己の志と日常の行爲の典範となるのである。現在に於ては、革新的實踐思想が、日本主義あるひは維新運動の名目の下に天下を風靡してゐるが、思ふに實踐といふことを自由民權運動民主主義運動左翼運動といつた一聯の近代政治學で規定して、依然として皇國臣民の眞姿を失つた形で概念化する傾向は、なほ多く見るところである。かつての革新勢力の多數が、早くも大小の既成勢力と化し、今やその獲得した名聲權力地位榮譽世帶の維持にこれ努めるかの觀あることは、我ら草莽一介の文人すら恥辱とするところである。かゝる時に、かの大なる既成勢力は壯士の攻勢すでに收るとの滿悅を示すだらう。

なほ云ふ、皇軍の命卽ち敕命の一貫性は、實に日常末端に於ける必勝信念の根柢である。時々刻々仕へ奉る道にわき眼もふらずこれ努める者には、第三者的の立場でいだく不安動搖はない、卽ち我らは全力注入にもかゝはらず國民の智能體力の未しさが、今日の戰力增强の隘路となつてゐるとは、つひに聞かないところである。皇軍必勝信念の根柢は、革新思想や新學說や訓練や情勢觀などといつた、敵味方相對のものによつて作られたものでなく、日常不斷に大命奉行の生活の中に、その基定があるのである。それは單なる訓練の激しさでなく、その激しい訓練は、實に大命奉行の一表現に他ならぬ。自分は文人であつて軍人でない故にかくの如くに考へるのである。

相對のものによつて必勝信念を立てることは不可能である。相對のものとは敵味方いづれも努むればなし得るものであり、同一思想線上のものである。今日の戰爭遂行思想をみるに、敵の野望とわがみちの道義とには雲泥の差があるが、戰爭の遂行と指導の現實面の思想では、いづれもほど〳〵の國家主義である。戰場地民衆に道義か野望かと目標を示すことはよいが、戰局危急と詔せ給ふ今日、さらに畏くも憤激を新しくせよと詔せ給うた今日、我らの戰爭遂行の思想を、敵國と相對の面に止めておいてはならぬ、戰局危急にして決戰の妙機來るとは、この秋初めて詔せ給ふところである。

さらば我らの願望は、事依さしに仕へ奉る神ながらの道を回想し、以て大命のたゞ一途に仕へ奉つて、千苦萬難を排除するにある。官位顕職その他を排し、或ひは持ち、所謂指導者と自他に稱する者が、命を奉じてなほ且つ千苦萬難を排し得ないと痛感すれば、伊藤博文の教への如く、その身分を返上して卒伍に交ればよいのである。博文ほどの人は如何に時人が云はうと、一身を棄てて命を遂行し得た人である。まことにその出身は維新の人物である。松下村塾では末席にゐて道を學び文を習つた人である。一身を以て購ひ、然も所謂大和共同を紊さぬ道は、永遠に閉されることはないのである。要は正直の如何であり、正直の如何は詔命奉行の反省を以て知るべきである。

宣戰大詔奉戴については、奉戴日を月の八日と定められてゐる。されば我々はこの大詔に如何に復奏し奉るべきであるかを、生活の指針とせねばならぬ、昭和八年三月二十七日の詔書に「方今列國ハ稀有ノ世變ニ際會シ帝國亦非常ノ時艱ニ遭遇ス是レ正ニ擧國振張ノ秋ナリ爾臣民克ク朕カ意ヲ體シ文武互ニ其ノ職分ニ恪循シ衆庶各其ノ業務ニ淬勵シ嚮フ所正ヲ履行フ所中ヲ執リ協戮邁往以テ此ノ世局ニ處シ進ミテ皇祖考ノ聖猷ヲ翼成シ普ク人類ノ福祉ニ貢獻セムコトヲ期セヨ」と詔せ給ひ、昭和十五年九月二十七日の詔書には「惟フニ萬邦ヲシテ各々其所ヲ得シメ兆民ヲシテ悉ク其ノ堵ニ安ンゼシムルハ曠古ノ大業ニシテ前途甚ダ遼遠ナリ爾臣民益々國體ノ觀念ヲ明徴ニシ深ク謀リ遠ク慮リ協心戮力非常ノ時局ヲ克服シ以テ天壤無窮ノ皇運ヲ扶翼セヨ」と詔せ給うたが、今年秋に入つて初めて、戰局危急にして決戰の機來る由の聖諭を拜したのである。

思ふに今日に到つて我ら草莽の民すら、神武天皇肇國の聖業の危急を痛切に思ひ起す時が來たのである。即ち天皇兩度御親祭の大御事實が、かつて維新の草莽を激勵したと同じ情況を以て、我らの祈念の情を振ひたゝせる。初め天皇の丹生の御親祭は、基業の成否を宇氣比《うけひ》給ふところより始つたのである。これ嚴肅畏怖の事實であつて、我ら凡智を以てしては、しばらく日本書紀の記述に畏怖し奉る以外にないのである。第二の御親祭が即ち鳥見山大祭であつた。

　こゝに於て祭政一致の御遺訓を我ら又痛感するのである。この鳥見山大祭の御遺訓が根本に於て事依さしと天職相續であり、これは名は二にして、實は一體をなす。けだし天皇が御自神助天佑を謝し給ひ、神敕の事依さしのまゝ、國土を開拓し、産業を振興して、兆民その所を得た由を復奏し給ふのが、この大祭の趣旨にして、その開拓産業によつて得た全國の物産を、神の大御前に奉進し給ふことが、祭りの執行であつた。さればその祭りには大和平定の後なほ前後六年の期間を要し、開拓一段落し、物産ととのつた時に行はせ給ふ。物産の生産は米を主とし諸他にわたるのであるが、この新しい物産を以て神を祭ることが、神助の事依さしに復奏したまふ所以であつた。さらに申せば、國土平定し萬民その所を得るといふことは、開拓生産の成果を祭りとして上る時に完了する、物産とその生産が、神の大御前に供へられた時に、神は事依さしに仕へ奉つた者の證としてうべなひ給ふべく、又上る民も、わが上る物産が、わが力と神助とによつてなつたとの實感を以て、これを神に奉り、殘りを自らも食しつゝ、そのことの中に喜び樂しみうれしとする。かくて祭りの雰圍氣は、與へられたものに滿足する情のみでなく、自らの努力を云ふに云はれぬ樂しみとして、祭りの饗宴を樂しい遊びとなすのである。與へられたものに滿足することは人間の情にないから、これは道德の根基とならぬ。わが神はたゞ與へるものではない。されど神に與へられた場合ですら、それは事依さしであるから、與へられたものに甘んずるといふことはないのである。與へられたものに滿足する人心は、道德の學問によつて養はねばならぬ。道德の根基のあるところは、こゝに申す祭りの生活の中である。生產せずに祭る者は、この遊びと騷ぎを了解せぬのである。お祭り騷ぎを排斥する者は、自ら生產に携らぬ階級の者であつた。されど都會の祭りは、一切が貿易によつてなされるから、幣物は購つたものにて、財力の象徵に他ならず、騷ぎは騷ぎをするために傭はれた若い者の遊びに他ない。都會人を構成する傭はれ者や非定住者の根性は、所謂社會的制裁を知らないから、生產を根基とする村仲間のつきあひの情味を解さない。彼らは近代的權力を嫌ひつゝ、權力以外の人倫を考へないし、當然さういふ人倫の伸張に微力をつくすことをなさないのである。

さて商人階級や投機業者、轉じては政治的業者等、太古になかつた人々の祭りはみな觀念より入るのである。觀念より入ることは止むを得ず、又觀念より入ることも宜しいのである。たゞ緊急の大事は、この觀念を明徵することであり、しかもこれは祭りの生活の明徵によつて初めて緒につくのである。祭りは事依さしの生產と直接結ばれたものであつた。しかし時移れば、政治支配面が有力となり、觀念の祭りをなしつゝ、觀念の生活に純粹の情を傳へた者が、生活の政治支配面で有力となつた。しかもかれらもいつのほどにか純情を失ふことは當然である。かくて御門守だつた武士が、發達過程の商と投機を併せて、政治の最高を支配するに到つた時に、商品として購入した物品や、力による徵發物や勝利品を以て神を祭ることが、專らの道と考へて了つてゐたのである。それは善に入る一つの道である。たゞわが祭祀の根本でなかつた。卽ちその行爲は、つひに祭政一致の根本に通じないのである。その時代に學問ある武將は、儒者の祭式精神を眞劍に信じ、これを善政の根據としたのである。正にそれは善政の根據となるが、わが國の祭政一致の自然なものを去ること遠いゆゑに、そこにある民を御す政策の破綻は覆ひ難い。卽ちその祭りは事依さしの道に仕へる者、卽ち生產に當る者と、非生產生活をなしつゝ支配政治によつて生きんとする者とが、こゝに一箇觀念の敬神を立て、この祭りの雰圍氣と式典演出の藝能によつて、神の道を生活として仕へ奉つてゐる民、卽ち祭りと共にある民を御することを計るのである。幕府に於ては敬信崇祖の觀念はあつても、皇朝永遠の祭りがないといふことが小生の論證である。彼らの敬神には神に仕へ奉つてその神敕のままを奉行したといふ上での、祭るべき神はないのである。彼らはたゞ己の頭で考へる善政の理想神を祭る、これ卽ち己によつて己を律することである。されぱかゝる祭天は、皇神の事依さしに仕へ奉る道を歩いてきて神を祭る者と、何の事依さしも實感せずにきた者とが、共通する觀念神を立てた例にすぎない。政治生活や投機生活の現實面を峻しくへてきた者は、怖るべき神助を味ふだらうが、この神助はけだし觀念のものとして投機的であり、米作りの民が生產に於て味ふ神助の實感の、大樣にして不滅不朽の感覺と共通するものではないのである。米作りの民の味ふ神助は、祖の代々より萬代の子孫に及んで、天地と共に必ずあるとの確信である。問はれた時には、必ずあると理窟なしに諾へる自然の確信である。一粒の米が何本もの穗となり、それが千《ち》穎《かひ》八《や》百《ほ》穎《かひ》に稔ることは、高天原より代々をへて無窮に變ることのない神の契りである。祭政一致の根本はこの米作りを大本として、一切の生產にわたるものである。それが幕府の祭禮や觀念神の祭典で代行できない所以を悟りたいと思ふ。

けだし幕府的な善政の根本となる觀念の祭りは、たゞ名君賢相の出現によつて行はれるのである。さればかゝる人を待つて行はれる祭りに於ては、萬代に傳る無窮感はあり得ない。米作りに於て生活卽ち祭りの古俗は、祭りをなせ、敬神せよと教へて整備することでなく、生活卽祭りである所以をその相手の生活にふれてたゞ註釋すればよいのである。名君賢相は二代とつゞく保證はない。されば幕府的儒風の敬神に於ては、これを政道極意と稱した。佐藤信淵の如きも祭りを旺んにすること政道の極意也と說いて諸侯を遊說したのである。けだしこの見解は民と喜び樂しみを共にするの域である。

しかし今日に於て、皇道神道の宣布の標語の下に於て、かゝる政道の極意の說を輕率に倣ふ如きことはないと思ふが、以前のことを申せば、おぞましくも明治神祇官の運動は、水戶學以上に觀念的神道の建設をめざし、天佑神助の信を輕んじたのである。購入によつて、徵發によつて、勝利品によつて、神を祭ることは、祭政一致の外形へ一步入つたのみである。けだし一箇の日本文化として、或ひは政道極意の演出規範として、神道儀式を遠くに迄るといふなら、我らまた何をか云はん。こゝに人ありてかゝる者に向ひ云ふ、文化演出藝能といふ形でなら、すでに神祭りが藝能と分離した近代に於ては、藝能娯樂の文化の方が、けだし大體に於て適切有效であらうと。かゝる不敬の討論に我ら何をか云はんや。

申すまでもないことだが、一國一民族が新附の土地人民に臨む場合、つねに開拓産業をその地人民に教へ與へ、高次文化と自負するものを持參することは、道義を云ふ云はずを問はずして嚴然たる事實である。しかもその時これを謀略的に活用し、相對的な高次文化を、所謂植民地政策的に移入するといふことも、云ふ迄もなく多數にあつた事實であつた。されば我らは、神道皇道を、かゝる相對的見地の高次文化とし、相對的に敵の思想と比較してゐる狀態を不滿とするのである。神道の皇道こそ二なく尊いものであるとの建前から憤激の意を表すのではない。我らの慨嘆禁じ難いところとして、かくては祭政一致の眞旨不通となることを歎く。本末を失つてゐるのである。問題は彼方でない。此方である。又も結論的に云へば、たゞ成果の復奏に畏むべしとの一言につきるのである。成果を何によつて判斷するかは、異國人の立場である。我に於ては念々復奏といふ一事を忘れてはならぬ。祭りとは奉詔復奏の式典に他ならぬのである。これを申すためには出雲國造神壽詞《かむよごと》の二度の復奏《かへりごと》の故實が、よく古風を傳へてゐる。

神武天皇の天つ神への復奏と拜せられる、その所謂「大孝を申べ給ふ」鳥見の祭りは、全國の異賊平定後數年の後だつたのである。今日の大東亞圈の政治工作も、過去列強のなした情勢觀的治安工作を以て判斷の尺度とし、その限度で復奏の形式が執られるなら、わが民は迷ひ判斷の道を失ふのである。判斷の道を失つた者は、列强の諸民族と等しなみの思想によつてわが現身の知性を立てるか、ないし志を鬱結してかゝる現狀より、一步身を避るかといふこととなり、國の思想はこゝに二つに分れるばかりでなく、その間隙を助長し中介を絕つに到る。要は大命奉行に營々たる不屈さを示すことと、事に當つて事依さしに對し奉り、己の臣節の義しきや否やを問ひ省み、自らの情勢論的判斷を排して、つねに事依さしに畏み怖れて、成果を神にうかがひ、尋ね奉る敬虔心をもつべきである、この事實が事依さしに卽し神助を頭上に戴く大命唯一途の生活である。かくて奉行の觀念と生活は事依さしに於て、生活の一つに統一されるのである。

事依さしに仕へ奉る民の事實として、最も素樸に正直に傳へてゐるものは農に於て見られる、こゝでは事依さしの觀念、祭祀の精神を今も生活そのものとして傳へてゐるのである。そこには觀念の道とはならない、道の道たる姿のなほ殘存するものが多いのである。道の言擧でなく、道そのものが殘つてゐるといふ意味である。卽ち農を以て國本となす所以もこゝにあつたのである。農は祭政一致の根本にて、農の生活が道として、祭祀精神の根柢を傳へてゐるから、國の基と云ふ。その根柢は今も傳はり、萬代も傳はるのである。そしてこゝに云ふ農は、水田の米作りである。農とは今でこそ觀念化してゐるとは云ひ條、こゝでは事依さしに對する奉行樣式の農を云ふのである。卽ち今日の社會學的或ひは經濟學的分類による農といふ謂ではない。武士の菜園場や、讀書人の園藝農を、或ひは近代的農場經營をも、この場で農として云へば、謬りといふ以上に事を紊る。

この米作りの生活は祈年祭《としごひのまつり》に始り新嘗をもつて終る。しかもこの祭りは又次の年の始りである。年《とし》といふのは稲のことであつて、米作りは早春より初めて秋冬に終り、これを一年とよぶ。しかもこの米作りは天孫降臨の神敕「以二吾高天原所《キコシメス》御齋庭之穗《イナホ》一亦當二御於《コトヨサシマツルベシ》吾兒一」とて、所謂齋庭之穗の神敕として、皇御孫尊のうけ給うた事依さしに、大御寶《おおみたから》が仕へ奉るのである。かくてこの生活は、神の事依さし給ひしまに〳〵仕へ奉る、神、皇、民がこの世の生業で一系の循環につながる生活であり、故にこの事依さしに仕へる者に於て、人力と神助が二元論に分れるわけはない。この神皇民を一貫する事依さしの理は、稲の生長、食用の關係に於て、天地人を一環する理に劣らずに尊いのである。生長食用の循環に立つ合理主義發想が、祭天思想の根本にはあることを知らねばならぬが、しかしこの形の循環の思想も、觀念的な天を云はない時は、めでたい考へ方となり仁心道徳の根柢を教へる。人力と神助の二つが一體となつてゐる生活を正直な生活と稱へるのは、それが神と人が一つに結ばれてゐる境を以て生活原理とするからである。そこで俗諺にも、正直の頭には神が宿つてゐるといふのである。事依さしに正直に仕へ奉つてゐるものは、つねに神を戴いて神と一つになつてすゝむといふ意味である。

かくて米作りの生活が正直な生活であるといふことは天然自然に對しても云ひ得べく、勞力の成果が正しく卽座に證明される事もその一つである。かうして祈年祭と新嘗祭によつて劃される一年は、祖々の無窮より、子孫の無窮にくりかへされ、こゝに生産完了の祭りに於て、萬代不朽の實感がつぶさに備り、同時に事依さしに仕へ奉る生活の萬代無窮が實感されるのである。この間根柢に於て、納得せねばならぬといふものはないのである。榮枯盛衰有爲轉變の世相に身を棹さしてゐる投機的生活者にあつては、或ひは英雄一朝にして沒落する生活に於ては、無窮の觀念は、例へば秦始皇の願望祈念の如くにか、或ひは權力的な制度機構による維持としてしか考へ得ない。觀念として萬代無窮感を人工とするのは、天や絶對を象る國際宗教の性格である。

　こゝに米作りは、神國不滅の信仰を生活の實感として保存してゐる。しかも生活卽祭り、産業卽神敕奉行といふ大事實に於て、國本のこゝにあること明白である。農を國本となすことを、單に今日云ふ如き、食糧問題のみから考へてはならぬ。そこで所謂熱量とか增産の見地から、米の主食を他の芋の如きものに換へよと云ふ人もあるが、かゝることは殊さら云はずとも、實行あり得ることでない。しかしさういふ議論が輕率になされる根柢は、米作りの國本たる理を解さないゆゑであらう。米が最も美味にして、またmめでたい食物であることは申すまでもないことで、これは今も古も變りないことである。米食改變の議論は、明治開化論の一つとしてもあつたもので、今日の危局に於てまた若干稱へられてゐる。このことは絶對に實行不可能のことであるから、とりたてて云ふ必要はないが、かういふ議論の根柢をなす思想と發想は、他の面でどのやうに現れるかについて、深く警戒すべきものであり、問題はこの方にある。近世の國學者は、祈年新嘗を皇國祭祀の根本として重んじ、彼らの國體の議論の根柢には、米の美味と、米への感謝が一つの主節としてあつたが、これは今日の言論に殆ど見ぬところである。

かつては農事に従ふ人口の點で、農民は國民總人口の絶對多數を占めねばならないとされてきた。時局の危急と國家の大計の上より見て、農業人口を減少することの得失と緊急の比較については、私の述べるところでない。私の憂ひるところは、たゞ國の道德の大本の問題である。つねに天惠と共に生活する者によつて、道德は無窮に維持され高められる事實から云ふのである。このことは、日本の道として當然のことであるが、儒者も幕府の思想も、道德の根柢が農にあることは、すべての認めたところである。但しこれを知つた上で、我々の國の道の教へは、儒でなく幕府の善政論でもないのである。道德の確立せぬ國は必ず瓦解する。しかも道德の不滅の實感は、すべて天皇に仕へ奉る米作り樹作りの業によつて保たれるのである。しかもこの道德の根柢、即ち道に即した生活こそ神州を守る根幹である。さればこゝに於て、時務の言議を聞きつゝ重ねて神武天皇祭政一致の大道が、我らの時務打開の前途を洋々照し給ふ所以を悟るのである。思ふに御東征途次が、皇軍として祭政一致の生活に卽してゐたのである。御東征の原因と御目的は申すに及ばず、その政治の根本と御途中の皇軍の生活を改めて同憂の回顧に訴へたいと念願するのである。

さて延喜式祝詞が、皇國の本源を明らかにし、宇宙の大道造化の神理を現す古典にて、朝家の政令民用の綱紀一つとしてこゝに備らざるものがないとは古人が祝詞の學びをなした精神である。しかもこの祝詞は神に奏上する詞であるが、その詞の主節は神敕詔敕から成立してゐる。卽ち祭祀の根源は神敕奉行であつたが、神敕奉行の成果を御前に進上して、復奏することが、祭りに祝詞を申す大旨である。さきに云うた祈年祭も、新嘗のための祭りである。こゝに於て太古に祈願といふことが有つたか否かを論議せねばならぬが、理の上からは一應に云へば祈りはなかつたと考へられる。されど事依さしにひたすらに仕へ奉る者が乞ひ祈《の》み奉るといふことは、自然のことであるから、かゝる意味の祈りは嚴にあつたことで、神敕奉行とその復奏としての祭りをのみ云ふことを以て、太古は祈りがなかつたと考へることは當らぬのである。さりながら神助と人力を、極端に離れた形で考へるといふこともなかつたのである。この點で祈りといふことを、今日の理窟から一概に云うて、その有無を理窟の論としてなすことは誤解の因となる。神を畏み怖れたことは、神と人の距離がきはだつて無關係に離れてゐたからでなく、仕へ奉る道として、實にきはめて一つに現れてゐたからである。この間の情は古人がわが大君を稱へ奉るのに、遠つ神と稱へ、同時に現つ神と稱し奉つた言靈によつて味はふべきである。遠つ神の遠といふ意味は、人倫をはるかに超えた畏き神と申す意である。

　米作りは、神敕奉行を最も正直に傳へる生き方であり、その生活自體が祭りを離れぬものであつた。その生活が國本であつたことは、大嘗祭を重みされたことと、祈年祭がわが國の一切の祭りの綜合であつたことを以て知れば明らかである。祈年祭詞には一切の重要な祭りが綜合されてゐるのである。祭りは旨として神の産靈の徳用《さきはひ》に仕へ奉るのである。産靈の徳用たる生産《むすび》が國の生々發展の根本である。そこで農を見れば、事依さしに直に正しく仕へ奉り、その成果を幣物として大前に奉り、稱辭《たたへごと》竟へ奉る。復奏とは敕に對し奉つて具體の成果を進《たてまつ》つて返り事《ごと》を申すことである。されば幣物を進る側からは、幣物に於て、神助の切々たる實感があり、事依さしに仕へ奉つた實感もしみ〴〵と起る。こゝが祭りの實感として重大なところで、他の尋常の神拜、ないし臨時の祭りに於ても幣物を奉るが、これらは例祭の精神を習俗として示したものである。例祭といふのは、祈年祭新嘗祭を一貫する月次祭である。産靈の徳用に謝し奉り、事依さしの實感をうべなふことが祭りの氣分の根本となる。商業や徵發によつて神前を賑はすことは、事依さしの完遂でないから、觀念の明徵によつて初めて祭りとなる。卽ち祭器祭殿の齋造りと幣物の生産が祭りの最も重い意味で、けだし事依さしに仕へ奉らねば、神ながらの生活の眞意と、産靈の徳用、神助といふものが實感されぬ。また幣物として奉るものに、全生活をあまねくつぶさに具體的に現し掛けることが祭政一致の根本で、今日の人が生産卽勤皇といふのはまことによき論であるが、それは全くの觀念的であるから、一應米作りの眞實を、祈年祭新嘗祭の古俗によつて考へ固めることを希望したいのである。けだしこれを云ふのは、生産卽勤皇が觀念論に止るなら、これ國家社會主義の一變形である。時務としては、その思想は大東亞共榮圈の民生活の根柢の道に生甲斐を與へぬと思ふ。あげくに別途第二義の功利目標を次々に約束せねばならぬ。これを自分は憂ふるのである。こゝで我が意見をあへて時務の面へ伸した所以を申せば、自分は大東亞共榮圈の最も質實な基礎が農にあり、米作りを主力とする生活の圈にて、これを今日地球上の唯一の圈と考へるからである。この生活圈の大多數住民に對して、わが神ながら皇道が生色を與へ、安堵を與へぬ筈がないのである。皇道とは農に神ながらの道の傳ることとの教へである。そこで大東亞共榮圈の一部分の、國際都市的住民を相手とする文化政策の如きは、我らの毫も關心ないところである。それらの國際都市人は現在の民族、制度、機構、組織、文化、住民等の上で何の味方であらうか。我らはたゞ無窮の道を傳へてゐる大多數の農、人類の文化の原始を營々と築いて傳へてきたアジアの農の民に今こそ大稜威輝き、その祖々の傳承に生色を與へ、生命甲斐あつた思ひを與へたいと思ふ。これが皇化である。しかるにそれをなすについては、實に我が國家觀念の明徴が急務と考へ、文人としてその任にひそかに期待するのである。

　祈年祭詞《のりと》の第三段に「御年《みとし》の皇神等の前に白《まを》さく、皇神等の依《よ》さし奉《まつ》らむ奥つ御年《みとし》を手肱に水沫《みなわ》畫き垂《た》り、向股《むかもも》に泥《ひじり》畫き寄せて、取り作らむ奥つ御年を、八束穗の伊加志穗《いかしほ》に、皇神等の依さし奉らば、初穗をば千穎《ちかひ》八百穎に奉り置きて、瓱閉《みかのへ》高知り、瓱腹滿て雙べて、汁にも穎にも稱辭《たたへごと》竟へ奉らむ」とある。御年皇神とは稲のことをすべしらし給ふ神のことにて、奥つ御年を云々は、よく稔つたおくての穗の形容である。稱辭竟へ奉らむといふのは、こゝでは米と酒を大御前に奉り、祝詞申して祭り奉るとの意味でつまりお供へしてお祭りすると土俗に云ふ意と變りない。

　こゝに皇神達の「依さし奉る」といふ語が二例あつて、これをよく考へると、初めの事依さしは、米作りを依さし給ふ神敕を旨とし、次の依さしは、神敕奉行中に對する神の德《さき》用《はひ》、卽ち今日いふ神助を旨といふ。卽ち神敕は實に神の依さしに含まれ、卽ち神敕にて神助定まつてゐることが明らかである。たゞ神助については我らは絶對に口出し出來ないといふのは當然のことである。その有無を言擧る代りに、事依さしにひたすら仕へ奉ることのみが、人の道である。米作りは神より天皇に依《よさ》されたものにて、これは齋庭之穂の神敕の意味である。かくて代々の皇御孫尊に事依さし給うた米作りを天下公民が仕へ奉る。卽ち米作りは天皇がその初めをなし給ふのである。しかるにこの事依さしはさきに云ふ如く、委任や授與でない。あくまで皇神の神業だが、これを天降の時に皇御孫尊に當御《よさしまつり》給うたので、この國土にても天皇の神業を公民《おほみたから》に事依さし給ふといふ意味になり、民の業ながらすべてが神業である。このことわりから、早稻とる手ぶりに神代ながらを見ると、中世の歌人たちも歌つてゐるのである。實に神代の今にある實感の發する所以である。思ふに生產卽勤皇である意味は、この神業をなし正直に生產に從ふ者の自負し得るところであり、又みちであらねばならぬのである。されど農が國本といふのは、職の貴賤輕重をいふのではないことは、さきに申した天職に輕重貴賤なしの論に於て明らかであらう。現實今日の問題として國民道德をもし破壞するものありとすれば、舊來自由主義時代の職の貴賤にとり代つたところの、現代戰的經濟體制の職の輕重を區別するところにあると思へる。これ實に生產歸一卽ち事依さし奉行の忠心《まめごころ》を瓦解せしめる最も怖るべき思想である。

さて神業との意味より公民の「手肱に水沫かき垂り、向股に泥かき寄せ」た勤勞奉行を、單に今日の所謂勤勞あつて神助ありといふ形で考へてはならぬ。これは人間の賤の苦しい勞務でなく、神業の一面である。卽ちこの人爲の第一步で、人業と神業を分つて了ふことが、やがて諸他の思考上で、不測の患の源となるのである。そして我らが今日の勤勞觀や練成觀ないし神助天佑の論を危く思ふ所以である。生產の苦を苦とするのは、產靈の德用を感得しない者の思ひである。産靈の徳用を感得せぬ者が事依さしの眞意を知る筈なく、ましてやそれに仕へ奉つることはあり得ないのである。されば例話を申せばよい。出雲國造神壽詞には、神武天皇御東征について、すでに神代高天原にて幽契のあつたことを傳へてゐる。これは史上重大な古傳で、重い幽契である。しかるに天皇はこのことをつゆ知ろしめさず、專ら御苦心の末に危きをへて大和平定を終へ給うた。さらに倭姫命が皇大神宮の御靈代を奉遷し給ふについても、すでに天孫降臨の時に神代の幽契があつた由を「古語拾遺」は傳へてゐる。然るに倭姫命は勿論、時の天皇もこれを知り給はず、命は女性の御身にて有史以來の大旅行を遊ばされ、當時知られてゐた範圍の全國を巡回し給うた後伊勢に到つて、初めて神慮こゝにかなふ由の神託を得給うたのである。事依さしを一歩深く入つて生活の原理として考へるについては、神代の「幽契」といふことを思ひたいと自分は考へるのである。古典に特にこの關係をいふ記事はないと思ふが、このことを照し合せて一段深く悟るものがあつたからである。これが倭姫命の御旅行の例によつても拜される如く、皇化の根柢となるのである。しかもこの考へは正直な生産生活に從ひ、そのゆゑに虐げられてきた民が、萬代より傳へてゐる信仰である。たゞ幽契の思想と、遠方より神の訪れてこられる信仰、卽ち遊行神の信仰は、その民の生活の土俗に入らねば、こゝと指して理解されぬことであつて、それがどのやうに變型された形で、アジアの各地の民に各樣の形で保存されてゐるかを知ることは、學問上で有意義のことだが、今日に於ては實意ある皇化宣布者の第一の急務と考へられる。アジアの民は農の民である。けだし遠方より神が巡回し來るとの信仰は、農の民のもつ信仰の根本である。私の思想は皇道世界觀を強制する類の考へ方ではない。しかもかゝる私見に對し國際都市的知識人は、その結果は如何なる國家形態をとるか、政治形態を取るかと反問するのである。我らはこの種の問に無意識に現れてゐる思考法の植民地文化性を、十年にわたつて慨いてきたのである。我らは儒の復古を云ふのでなく、佛の復興を說くのでもなく、また新國家主義の變型を企てるのでもない。祭政一致に立脚するといふことは、所謂皇道世界觀や革新的生產組織を強制しようといふのではなく、アジアの大部の民の生活の、嚴しい窮苦と貧困の中にほのかにしかも不抜に傳る道を指し、その心に皇邊《すめらへ》を思はしめたいと思ふ。しかもこの神の教への道に正しく生きてきたアジアの民が、何故に窮苦と貧困の餓死線上に彷徨するかを云ひたいのが、わが皇道の思想である。久しい物慾と野望と、盜と賊の支配が、原始の民をかゝる窮苦の狀態においた。されどアジアの廣大な土壤は依然として農の文明を道として傳へて、今や皇威四隣にあまねく示さるべき時來つたのである。

祈年祭と新嘗祭を貫く生活が、わが祭りの根本にて、祭政一致の根源であつたことはくりかへし云つた通りである。この新嘗といふのは、古は大嘗と同樣に用ひられ、即位後に行はれる御一代一度の新嘗祭を、例年の新嘗祭と呼び名を別つたのは後代のことである。古事記に「天照大御神云々聞食大嘗」とあり、同じ箇所を日本書紀では「新嘗」と誌してゐる。さらに紀の淸寧天皇の條に同じ一所で、初めは大嘗と書き、後文では新嘗とあり、皇極天皇御紀にも、即位大嘗のことを新嘗と誌してゐる。かくの如く古は大嘗新嘗は別なく、訓はみなにひなめであつた。この新嘗の初見はさきに申した天照大御神の御事に見え、また紀に天稚彦新嘗休臥とあるのは、所謂臣列の側の新嘗の初見であるが、古へは朝家のみならず、下々にもなべて行つた。さらに後世では専ら神に祭る事とのみ考へてゐるが、古は然らず、神にも奉り、人にも饗へ、自らも食ふわざであつた。されば萬葉集の十四ノ巻にも「にほとりの葛飾早稲を饗《に》へすともその愛《かな》しきを外に立てめやも」また同巻に「誰れそこの屋の戸おそふる新嘗《にひなへ》にわが背《せ》をやりて齋《いは》ふこの戸を」これらは民間の齋嘗を示した好古の資料である。さうしてこれらの歌によつて、齋嘗の日は戸を閉ざして家内も齋祭つたさまが知られる。東國未開の地の歌であるだけに古俗殊に尊く思はれるのである。さらに「常陸國風土記」に見える富士神と筑波神との祖神の國巡記事は、新嘗の忌みの嚴しさを味ふに足るものがある。富士神は新嘗の夜とて祖神の宿泊を拒み、筑波神は新嘗の夜とは云へど、祖神にてましませばとて泊めまゐらせた。富士神はそのため祖神の怒りにふれて、年中頭に雪をおかれたといふのである。

栗田寛の誌した備前國高藏神社の氏子の間の新嘗祭のさまでは當屋の主人が新嘗祭のために社に詰め、妻が早く參拝より歸つて、留守の物忌をすることが萬葉集の東歌と同一のおもむきであつて、千年をへだてる古俗に感に耐へないものがある。この宮座の新嘗祭の杵儛の歌は平賀元義の誌したものにもあつて、その舞ぶりも醇朴愛すべきものがある。さて栗田氏がこの宮座の新嘗のことをしるすについて、「大嘗新嘗は朝廷の大禮にして古へには下が下まで行はれし事なれば、今に至りてもなほその遺風の傳はれるものあるを、世に小ざかしき學校教員など云ふ者、漢洋の事のみ知れるが、さる古風の遺れるものとも知らずて、某は未開の風俗にて、今様の事にあらず、開化の御世に行ふべきわざにあらずなど、樸野の民を恐嚇《まどは》す故に（中畧）古へより行ひ來たる禮俗を廢《やめ》ぬる所々も多かりとぞ」と云うてゐる。しかしこの宮座による古俗は、今もわれらの郷國の農村には細々と傳つてゐる。さらに栗田氏は「觀者よろしく貴桴土鼓の陋俗を笑ふ事なくして、報本反始の根源を思ふべきなり」と教へてゐるのである。

新嘗祭のことは令義解に「朝諸神之相嘗祭《アヒナメノマツリ》夕則供㆓新穀於至尊㆒也」とあり、諸神の相嘗の祭りも、至尊に新穀を奉り給ふについてなし給ふのである。さらにこの祭りには酒を重みし給ひ、又諸王諸臣にも宴を賜ふ。かくてその肆宴のなごやかなさまは萬葉集十九ノ巻の諸臣の歌に見るべく、その大夜にわが大君は大御頬も赤み給うて、豐《とよ》の明《あかり》に明り坐して酒みずきいますさまは、上代の文學を通じて最もめでたく述べ奉つたところである。

かく祭りが産靈の徳用の實感と離れぬところに和樂のめでたさもあるのであつて、されば臨時の祭りにも祭器幣帛は新しき生産によることを本旨とし、萬葉集の十七ノ巻に大伴家持の「造酒歌」とて「中臣の太祝詞事《ふとのりとごと》言ひ祓《はら》へ贖《あが》ふ命も誰が爲に汝」とあり、この造酒歌といふ標記について眞淵は、古は神に奉る酒は齋清《いみきよ》まはりて自身《みづから》釀《か》みて、その釀みし瓶のまゝに奉る故に、造酒の歌と題したと云うてゐる。これはさもあるべきところで、自ら釀む酒を以て神を祭る事が尊いのである。また上古に於いては酒ほどに奇しくめでたく美味なる食物はなかつたのである。それゆゑ新嘗大嘗に神に奉るにも、酒を專らとし給うたのである。

さてこの歌に祓とあるのは、今日も云ふ禊祓であるが、この祓には人に課せられるものと、自らなすものとあつて、伊邪那岐大神が日向の橘の小戸の檍原《あはぎはら》で遊したのは、黄泉の穢のつきし御着衣を自ら脱ぎ給うたものであるが、素戔嗚尊が高天原にて、罪によつて祓を課せられ給うたのは、他より課せらる例である。さらにこの祓には凶をすてる祓と、吉を招く祓とがあつて、家持の歌は吉を招く祓である。しかし大體に於て凶を祓ふことと、吉を招くことを共用したのである。書紀一書の傳では素戔嗚尊の祓の條に「手端吉棄物足端凶棄物」とあるが元來二面の用があつたことを現す來由となつてゐる。

こゝに中古以來近世の神道思想を考へるのは、それらが祈年新嘗を主とせず、専ら大祓詞を重視したことに觸れる必要を思ふからである。太古上代に於ては、祈年新嘗が最も重い祭りであつたが、近世以後大祓が重視され、そのために今でも世俗にも祭りといふ代りに祓ひといふ。神拜といふ代りにお祓ひをして下さいと神社に詣でるやうになつた。勿論このお祓ひといふのは、吉を招く祓のことであるが、凶を祓ひ、罪を祓ふ意がふくめられ、この罪を祓ふ意が古風に比して觀念的に變化してゐる。この祓流布と大祓詞の流行の原因は、吉田流の一黨が、神道を新宗教として樹立せんとし、中臣祓と呼んで大祓詞の讀誦を天下に流布したことに始るのであつて、吉田流の初めは鎌倉時代にあり、當時天下人心が一切に新宗教へと向つてゐた時にこの派も始つてゐる。されど大祓の信仰はその以前にもなかつたといふのではなく、本來の自然なものとして行はれてゐたものと考へられる。和歌の方では夏越《なごし》の祓ひと歌ひ、平安文學の女流も、和泉式部や紫式部と、みなこれをしきりに歌つてゐる。行事としての大祓の文藝として最も愛誦し、なつかしむべきものは、和泉式部の如き情熱の戀歌として描かれてゐたほどである。

　吉田派の開祖となす卜部兼道が平安末期鎌倉時代の初めに、人心が急激に新宗教へ動く時に、唯一神道を立てた機縁については、我國こそ三國の元たる神道國なる由を、後鳥羽上皇に密奏したことに始ると云はれ、この傳の實はともあれ、吉田派の開基も、後鳥羽上皇に所縁あつたとするところが、その意に深いものを思はせる。しかるにこの吉田の流が專ら大祓詞を以て、根本教典とし、百度祓千度祓といつた形式で、大祓詞の連續奏上を佛徒の經文讀みと同樣に風習づけた。このため俗神道や宗派神道一般を極力排擊した眞淵などから、いたくその佛教模倣を批判せられたのであるが、その後の大祓信仰自體に贖罪懺悔の觀念論に立脚したものの多いのは、往時としてまた止むを得ないところであつた。觀念上の贖罪懺悔の思想より宗教を求める氣運は、天職相續の崩壞と平行し、古くよりあつたが、すでに近世初期の吉利支丹侵入時代の人心には、多少原罪意識を加味して、大祓詞を誦することによつて、救ひを味つてゐた傾向もある。しかもこの一方に於ては大祓詞が維新思想の根幹となりつゝあり、さらにその中に於いても神道はいよ〳〵相對的宗教化する傾向を助長したもののあつたことは慨しい限りである。

　もとより大祓は贖罪が根本であつて、民の不知不識の間に犯せる罪を祓ふのであるが、古は觀念上の罪障意識から出た罪は絶無にて、凶事罪障を宿世とか原罪といふ觀念より解する風は毛頭なく、清淨な贖罪に立脚して、朝家政令法律の執行と同一の悠久然たるものがあつた。卽ち天つ罪として農耕に對する罪を專らとし、國つ罪としては人の血統に對する汚れを專らとしてゐる。後世の如く宗教的雰圍氣に立脚するものではなかつたのである。大化二年三月の詔に、祓除《はらへ》を人に强ひる風の弊を警められた場合も、精神的祓除の宗教的流行でなく、すべて現實的な問題であつた。さらに古くに遡れば雄略天皇御紀に齒田《はた》根命が「祓除罪過」とて馬八匹太刀八口を以て祓物とされたのは、釆女鳥子を姧した時のことである。然るに平安時代に於て、祓は神事のみに限ることとなり、すでにかの女流の歌を見ても大祓信仰に宿業思想のかげりがさし、それより專ら觀念上の祓ひへと轉化し、神拜を祓と云ふに到つて、今日の人々は事もなくお祓ひを稱して、宿業思想に立つて罪の祓ひをしてゐる狀態さへ見られる。卽ち自己の造つた財物を奉つて、凶事を祓ひ吉事を招く健全素樸の古風が、今や國際宗教らしく觀念化したのである。かくてこゝでも祈年新嘗に立脚する祭政一致の思想は大いに片よせられ、本質の考へ方も變貌させられたわけである。吉田神道に於てもその唯一神道思想や、今日の所謂大東亞を混一するその雄大な世界觀にもかゝはらず、根本は古の神道でなく、神道的新國際宗教に他ならないことはまことに遺憾のことである。されば吉田流が大祓詞をやゝ變形し、曲解してとかく流布し、その結果維新革新の行動の根據を與へ、一方に神道の觀念化を極端化したことは、その功罪半ばする如くである。明治神祇官をへて、今日巷間の皇道主義や大東亞主義の基礎的理論の現狀に思ひ到るとき、自分は大なる遺憾を思ふものである。加ふるに今日の皇道神道主張者が、主として時務の宣教者にすぎず、大むね吉田神道の世界觀的立場より離脱せず、なほ近世國學の神道見解の大旨に到らぬゆゑに、いよ〳〵大祠詞の觀念化も助長されつゝあるのである。今日に於ては大祓詞の流布は、諸官廳學校より三等郵便局にまで及び、前古例ない盛大の觀あるが、今一歩にこの解釋について遺憾の情禁じ難いものがある。

されどさきに云ふ如く明治御一新の根柢思想は、ともあれ吉田流の大祓詞の流布にまつところ多く、大祓詞がとまれかくまれ維新思想の淸醇の根柢となつたことは、疑ひ得ないところである。しかもこの吉田家に於て、大祓を執行するに到り、この大祓の語を忌んで内侍所淸祓と稱へるに到つたのは、そこにある凶や罪の事實を忌み招福を旨としたものと思はれてゐる。低俗な陰陽道信仰が勢を振ひ、罪と祓の健康素樸の現實性を忌むに至つて、すでにその神道は變形したと云はざるを得ない。かくて祓はいよ〳〵觀念化し、「中臣祓」は民間に流布し、明治の大祓復古の後に於ても、いよ〳〵旺んにて、最近に到つて大祓の流布は未曾有の盛大となつたが、昨今流行の禊祓の思想を見るなら、すでに早く近世に於て禊祓は一部天堂思想の影響をうけた觀念的神道家によつて、懺悔贖罪思想風に歪曲せられたが、今日では更に近來精神上の一現象たる轉向問題にからんでしきりに祓の古意の冥晦化を私は怖れる者である。轉向と禊祓を結びつけ、罪の觀念的解除のみを强ひるところから、禊祓の古意を徒らに觀念化し、人心を萎縮せしめるのは、神ながらの大様の「解除」でない。さらに現代一部の禊祓强行の思想や、禊祓を練成と同一視する者が、果して神祭りの國ぶりを如何に解するやを私は大いに疑ふのである。さういふ集團雰圍氣の演出家は、果して神道を旨とする人々であらうかと思ふのである。

さて祭政一致が祈年新嘗を貫く祭り、卽ち生活の上に基をおいてきた、上古の神祇の事實から見れば、大祓は神武天皇の御例に於ては、鳥見靈時の卽位大嘗祭の前提であつた。卽ち「大幣を造作せしめ、云々天つ罪國つ罪の事を解除《はらへ》しめ、爾して乃ち靈時を鳥見の山中に立て給ふ」とある。古に於ては卽位は大嘗祭に於て定るとした程に、大嘗祭は重みせられたのであるが、このことはわが皇位と國體の最も尊貴なるところとして、この尊貴の眞意は所謂神ながらの仁慈を現し、正しく祈年新嘗の祭りと事依さしより解し奉るべきところである。その間の事情は神武天皇御東征完了より、三年にて卽位し給ふ。さらに三年をへて、紀元四年に至り、鳥見山の御親祭あり、その間の數年は實に御親祭のための國土開發時代にて、こゝに全國民は國土開發產業確立に初めて安堵す。故に天つ神を乞招いて、事依さしのまに〳〵天業恢弘せし由を復奏申し給うたのである。この時に於て天職定まり、その天職世襲のことは、すべて所謂天つ宮事に從ひ給うた。當時の人心は萬に一も利を思はなかつたので、職に貴賤あることなく、さきに述べたやうに、至尊の大御壽に最も近く仕へ奉る、大膳職が殊に重みされるといふことは、この判斷の自然である。職の貴賤の別は利を思ふ心のつもり重なり、利が片よる時に現れるものに他ならぬ。たゞ世移るほどに事依さしに仕へ奉らぬ者が世襲の外に彷浪して、かくて自ら職業を作り、或ひは人に隷屬するに到ることは、天職の制のくづれる因であるが、この原因もみな利の心に發するものである。

さて中世の神道思想家が、朝廷祭祀の大本にしてわが國本のよつて立つところの、祈年新嘗の道を云ふ代りに、他の觀念宗教を立てんとした理由は二三に止らぬのであるが、主たるものは彼らの生活にあつた。けだし彼らは正直な生産即ち祭りといふ生活をなした者ではなく、又さういふ民に伍さうとする志の人でなく、知識ないし權力に立つて、生産者を配置し、動員し、生産物を集貨し、分配し、合せて支配するといふ類の生活、即ち今日云ふ政治經濟の要を握つた觀念生活を目標としたからである。畏けれどこゝにあへて申せば、わが神ながらの天皇はかゝる政治經濟の機構組織の權力の主權にては御座さぬのである。萬民萬物みな大君に歸一するとは、かゝる意味の人爲構成とは異るのである。即ち支那の天子や近代國家の君主或ひは主席といふ制度上の存在と、わけても異る尊貴に御座して、しかもこゝが國體に、君臣一如の理のあるところである。こゝに云ふ臣とは神の事依さし、即ち天皇の御受け給ひし事依さしに仕へ奉る民として、一君萬民の聖旨を自ら奉行してゐるわけである。されば萬民この事依さしに仕へ奉るの道を失つては、わが民ならぬこととなるわけである。

祈年新嘗の奉仕生活をなさぬ者が、新宗教の建設のために專ら大祓詞の觀念的變型に赴いたことが、時移る間につひに大祓詞解釋を樣々の革新的熱情のたよりどころとなる源をなし、或は宗派神道の教典と化した因であつた。かゝる傾向は既に足利幕府の末頃より濃厚になり、わが戰國時代と呼ぶ海外發展時代に平行して、つひに吉田の唯一神道は秀吉の外交文書の基本思想となつたのである。しかも往年の吉田の神道家はいづれも政治的野望をもち、政治工作の趣味をもち、且つ他宗教に對し、大いに對抗の闘力をもつた人が多かつたことも、わが神道解釋を歪ませる一因をなした。

この後の近世幕府時代に入つても、思想のことは多く武門出身の觀念的生活者の所業であつたから、わが民の具體生活が卽ち生產にあるとの事實を悟らず、且つ彼らは生產の產靈の德用にふれることなく、ふれても思ひいたらず、しかも支配階級的生活に附隨した良心上の罪障の意識は、さすがにこれらの傑出者には深かつたので、かゝる見地に立つて大祓とその詞を感受する面が濃厚に現れ、又かゝる見地からこの詞を現世問題に充當する風も自然に生じ、これが維新革新の雰圍氣をつくつた點も亦多いのである。けだし天職生活に於ては、罪障の觀念や意識といふものは無いのである。民が米作りの事依さしに純一に仕へ奉る時に、たま〱知らずに犯す具體の罪はあつても、觀念的な罪障意識は起らぬ筈である。そこで餘事だが罪業意識に立つ親鸞などの敎へでは、惡人の方が救ひ易く救はれ易いのである。わが神道は快活だからかゝる救ひをいふことはない。罪障や業の意識の生ずる生活の根柢を、祭政一致の原始に復活することによる救ひを云ふのが、維新の時の純一の神道家であり、彼らは早くも時局から除外されてゐたのである。そこで罪業意識者と、さういふ形の生活者の側へ神道を變化させてはならぬ。神道は大衆の敎團的組織を必要とするものでなく、正しく生きてゐる民の道であり、民を道に生きさせるために、こゝでは嚴峻な敎への實行として現れる。しかもこれは各個人の實踐である。水戸學風の敬神思想は、儒學一般に通じるが、儒風祭天思想と神道を結びつけた、一種の觀念上の敬神家には、最も尊敬すべき人格が多い、時勢止むなくその思想は必ずしも純一の古道とならず、あげくにはその末期に到り、その純粋化の末流に於て、それは観念の尖鋭化に他ならず、その尖鋭化は、ヒステリーとエクスタシーの絶え間ないくりかへしと立ちかはりに力を盡す如き、悲しい現象を惹起した。しかも觀念的敬神が純粋化せぬ場合の爲政的現象では、これが一つの政治思想と考へられ、極言すれば農の民の祈年新嘗の祭りの生活の氣風風俗を利用し、これに對して別箇人爲の祭典演出を以て、權力支配の祕用となす現象さへ現れたのである。產靈の德用にふれる生活は、道德確立の根柢となるが、この德用からは輕薄なヒステリーやエクスタシーを生じないのである。神憑りといふのは尋常にみるヒステリーやエクスタシーでない。思つてなりうることでなく、明らかに神が人に憑く靈異である。人力の機能缺陷から起る現象について云ふことではないのである。そこで自分は目前の人の言動を、神憑りといふことばを以て無造作に呼び、輕々と善し惡しを議論する世相を喜ばない。神を念ずる者も、論の上では人力の眞を盡すべきで、これが神助を期する所以と信ずる。

中古をへていよ〳〵有力になつてきた罪障や罪業の滅却をいふ思想と、近古に俄に侵入してきて一時大いに流布した天堂思想の原罪意識及びその懺悔贖罪の感傷主義が、人心に浸透したことも、大祓詞解釋の氣分の上で一の觀念的傾向を人心に生んだのである。しかも宗派神道家は新來の觀念宗教に倣つて、神道を觀念宗教化せんとしたのであつた。かくて維新前の有力な志士文人が、大祓の眞精神とその詞の正解に努力したことは、極めて深遠執拗のものがあり、こゝに於て大いに復古の大道の明解となつた點も多かつた。

かくて大祓詞は近世の神道思想の中心教典として雜多な傾向思想の中心となりつゝ、この神語は正しくつねに御一新大道を指されたわけである。しかもともかくも、雜多の氣分傾向からも尊崇された理由は、實にこの詞のすぐれてめでたく、畏きさまにあつたのである。けだし人の思ひ能はぬ神ながらの古語である。

しかもわが神の御働きを目のあたりに現しつゝ、きはだつてつよく美しく描かれた文辭は世に比類なく、目のあたりのことを敍す中に、おのづから神の德用と畏德を述べてゐる。さればこそ萬人これに拜跪した。かくてこの詞の雄偉なりしことが、近世史上大祓詞流布の竟極因にて、維新思想これによつてその大本確立した理由である。しかるに世變のうちには、古學に心を傾け、修業と勉學によつて道を味つた志ある人々の周圍に於て、維新の祈念を革新論的に展開させる作爲をなした者も多數現れてくるのである。けだし維新は所謂政治上の實行の面をもつものであるから、こゝにも亦止むない理由があつて、神道を觀念化し思想化する別派がこの雰圍氣より生れ、これらも勢ひ大祓詞解釋を根據としたのである。

明治神祇官の失墜を悟るためにも、大祓詞解釋を中心とした近世數百年の思想史を考へるべきであるが、醇乎たる維新の道を究明し、先人の教へを受けんとする者も亦、大祓詞解釋史を究めるべきである。しかもこの思想の歴史も、平安末期武家初期の後鳥羽上皇時代より始ることを、この上なく奇しきことと考へるであらう。

神助説

大化改新當時一般思潮をなした公地公民の思想は、祭政一致當初よりの固有思想とは、根本で大分に離れてゐたのである。改新の底流思潮となり、改新によつて、體制化された思想の中には、國風が皆無だつたといふ意味ではなく、精神の大むねは國の古義の下にありつゝも、これを思想として生ひ立たせ、これを世間に體制として放す時は、本意とは大いに離れた方へのびてゆく思想であつた。精神を表現する事は、思想の第一歩であるが、その機の重大さは深く考へねばならぬことである。この思想の動向は、壬申の亂の思想的根據を考へるなら、直ちにわかることだが、改新當初の朝廷の構成を見るのみでほゞ明白である。すでに頽廢してゐた氏族制末期の舊勢力を代表し、むしろ溫厚な重臣と評すべき阿倍内麻呂が大化五年三月十七日に薨去するや、また改新政府の勢力の均衡は破れて、その二十四日には蘇我石川麻呂は一族と共に謀殺せられてゐる。石川麻呂は固有思想派の頭目にて、祭政一致論者であつたことは、既に述べた通りである。これを殺戮したものは、唐風の制度國家をたて官僚政治體制を實施せんとした新興の革新派であつた。即ち大化改新の意企を、政權の爭奪として、あるひは利權の再分割として、これらの官僚派はうけとつてゐたのである。

この革新派の公有の思想は、外見上では祭政一致の政治經濟の體制と殆ど類似するかの觀があつた。こゝに於て祭政一致と公有制のけぢめを改めて識別せねばならぬ。事依さしを奉行するといふことは、氏族制の原始の樣式であつて、これが祭政一致の政治經濟の根本である。この事依さしといふものの實體は、神が命令を出し放し、その成果のみを收め給ふといふ形ではないのである。この關係は本來は神と人との關係であるから、朝廷と大御寶との關係にもそのまゝあたるものである。つまり命令を出し放して、民の創意と努力を求め、その生産の過程中のことはすべて民に委任し、最後の成果を上に收めるといふことは、命令の上から云へば委任であり、收納の上からは、無慈悲な取上である。事依さしはさういふものではなく、命をうけて努力し、その成果のなされる全過程を通じて、その生産過程の一切が、神助をかゞふり、卽ち成果に到る一歩一歩はみな産靈の恩頼をうけた生活である、これは今日の現實で見れば、大命を奉じてゆく皇軍が、つねに大御稜威をかゞふつて進み、一瞬も大御稜威から離れてゐないといふ實感が、そのまゝ當るもので、これを考へると容易にわかることと思ふ。

これは畏くも至尊御自らにして、天佑を保有しと曰はせ給ふことは、實に神敕を拜し給ふものにて、一刻一瞬もわが民は神助天佑の外にゐないといふ所以の根源するところと恐察されるのである。生産生活の業に於ても、この皇軍の實感と一つとなるならば、産業は祭りの生活となり、自ら前線に直ちに結ばれるものと云ふべく、不拔の自信がこゝに生れるであらう。神助を漠然と信じて怠業するといふ實例は、わが神道の奉仕生活、云ひかへれば勤勞觀の根本を悟らぬ者の假定の云ひ分である。しかも今日では、人爲と神助を分ち、これが人性教育と人心鞭撻の原理とされてゐる。たとへば天佑に對し、天譴を對立せしめようと考へる類の思想は、一見教育上の方便の巧みなものの如く見えるが、その方便は人心の根柢に神意《かみごころ》を振起しようとする考へ方でない。そこには神意の事實に察し到らぬものが多いのである。この理を悟り、皇國勤勞の本義を自ら行ふことは、國學の經國濟民の根柢を悟り行ふことである。云ふが如くに神助を漠然と信じて怠る者がありとすれば、彼は神助を知らず信じぬ徒である。

しかるに必勝の盲信を排斥するといふ批判が横行し、それが正論視されるのが現下の情勢である。しかし必勝の盲信といふものは、悲觀論者の相對的なものとして、或ひは悲觀的に對する反對的言説に過ぎないものとして、即ちそれらは虚妄の概念に對する反對的虚妄概念として假想される以外に、日常行爲を律する倫理の事實としては存在しないのである。政治的に教育的に排斥せねばならぬといふ形としてあるものではない。

封建的軍隊の闘爭に於ては、所謂必勝の盲信と、それによる盲進もあるであらう。しかしわが善良な國民のもつ必勝不敗の信念の實相は、國民各自が、國史的國民生活の最後の一線に於てあくまで戰ふといふところにあり、これは國土が銃後なる時にも戰爭の根柢であるが、こゝに國土戰場化を豫想した、緊急時に於ても必勝の信念の現實である。しかもその場合には、玉砕と特攻といふ二つの今日の原理が、またその必勝信念の根基であつた。そこには倫理の安心と日常の自由が生れる。この信念の主張はさういふことはあり得ないといふ論者に對抗する必要はないのである。何となればかゝる論者は國史的國民生活の信を放棄した人々だからである。恐らくさういふ信念が、かゝる論者に對抗すればその表現は相手の心理に對して、漠然たる必勝の信が所謂必勝の盲信とうつるのである。彼らは自身の動搖によつて定まつたものをとらへ得ない。しかもさういふ心理は多少は誰の心にも住んでゐるのである。生活はそれを突破するが、觀念ではしかく簡單に破碎し得ないものであつた。さうしてさういふ心理は一方では徹底した悲觀論の信奉者としてかたまることは當然とするも、こゝに別の形のものとして、近代戰力增强論を口にする革新政策の限りない創案者も、同じ心理より生れる。この强力な政治による近代戰力の增强といふことは、百も正しい道理であり、希望であるが、その發想の源となる近代の戰爭觀や勝敗觀について、またその論理の革新論的展開について、自分はその大方のものに對し多大の憂ひをいだくのである。しかしながら人心にあるものは、ある瞬間に別途の形で發想を正しく變更することを、私は決して絕望してゐないのである。孫呉といはれる兵術家以來、近代戰に到る迄、必勝と云ひ不敗といふことは殆ど觀念の上のものであつた。これは軍と民を分ち、軍隊を中心にして戰線を考へ、その勝敗を考へるからである。されど吉野時代南北の戰ひに朝廷に仕へ奉つた大和の諸豪族のとつた玉碎戰法は、戰線の事情と思想も異つてゐたからだが、今日一般にいふ出血戰術といふ思想ではなかつた。しかしこゝで兵法を云ふことは自分の目的でない。私は一箇の思想の論理のためにそれを語り、たゞ思ふことは國史と共に傳つた生活の最後の一線で一途に戰ふといふ事實に、必勝不敗の根因があることを淡々と信ずるのみである。しかしその場の心持は何かを守らうといふ戰ひでさへないのである。思ふにわが神州の國土とはいたるところに神代以來の生活を傳へる民が住し、大御稜威をかゞふつて生活してゐるのである。國土とはかゝる意味であり、この國史と共に代々を生きてきたものが、その場で戰ふためには、近代都市人を對象とする場合の、とりたてて複雜な組織論といふものを必要としない。さうしてこの生活に立脚する必勝不敗感の根柢は祭りといふことを別にしてはあり得ないのである。この祭りを國全體の規模に云ふものが祭政一致の體制であつた。されば今日、各人の決心のみでは戰ひ得ないといふのは、傳統の國民生活から浮揚して了つた都市住民の、わけても知識人といはれる者の眞實の告白であるし、これを單に政治技術の拙劣さから、無下に放棄して省みぬといふ無慈悲はあつてはならぬが、この都市大衆のみにかゝはつて、こゝで國民生活の本末を見失つてはならない。

しかし多少餘分のことを云へば、かゝることを別としても今日の我々の場合には、戰局についての合理的判斷をなすに足る事實について殆ど無智であり、勢ひ今日の戰事指導力に一途の信をおく者が、却つて所謂必勝の盲信の外觀に陷らざるを得ないといふことも、政治運動の禁止されてゐる現下では、思ひやりある爲政者は、これを叱る代りに深く考へる必要があるであらう。さういふ事態だから戰局が惡化すれば、勢ひ我々は、眞面目なひかへ目の氣持として、不敗の地盤のみを思はねばならぬ。これは一見消極の如くであるが、戰力の合理的增强を云ふ革新論の花々しさをおいてこれをとるのは、その種の革新論の思想が、根本に於て近代戰の思想に立ち、これがその最後の極に於て、不安定を思はせるからである。極言すればそれらの言論の轉回するところや影響するところでは、結果的に伊太利亞崩壞の思想と心理に通ずるものがある如くにも思はれるからである。されど自分の思ふところでは、緊急時態に於てそれが眞の强力に一轉する神機を人心に信じて疑はない。たゞ思想として論理としては、そこに到らぬ限り崩壞の契機を無數にもつことを明らかにしたいのである。

必勝不敗の信念の根柢となる國民生活の根幹と地盤は、實にわが祭りの生活を別としてはないのであるが、最惡の條件下に戰ふものは、また必ず根柢の戰力である。この根柢の戰力の恢弘なくして、空とぶ航空機の增產もないといふのがわが見解である。

祭りと祭りの生活をいつて、その綜合にしてまた根基たる祭政一致制といふことを明らかにするにあつた。しかも國の道の根柢に通ずる祭りの眞姿は、國民生活の原理の明徵として照り輝くものである。さればまづ祭政一致の制を歷史上の世變の中で判然たらしめねばならない。

わが史上の世變をかへりみれば、神の事依さしに立脚した基本の生活樣式にして、古の氏族制そのものであつた祭政一致の制は、神武天皇肇國の後、崇神天皇の大御政によつて恢弘せられたものがその後再びくづれ、大化改新の公有の思想に來つて、こゝに國初以來の思想を一變する觀念が注入せられた。けだしこの公有思想は氏族制が私慾心理によつて專權化した狀態に相對する革新思想に他ならないのである。かくて中世以後いよ〳〵道はかきくもり、つひに封建の專權が現れたが、御一新後に於て、所有權といふ觀念が定められ、つひに大正時代に入つて私有財產制度といふ觀念が國體觀念と竝立的に法定せられた。これ昭和二年に改正せられた治安維持法である。しかるに戰時下の今日に及んで國民思想の變化に應じて國有國營、國有私營の二思想が競立する中へ、私有國營といふ奇怪の形で、この二思想の人爲的吻合が策されんとする感がある。かくてわが生民奉公の古道たる事依さしの觀念は、なほ明徵されないのである。

さて大化改新直前の國史に見える私有私役といふことは當時に於ては大なる異變であるが、所有權を法の上で明文化された今日の思想からみれば、つい近年までは尋常にして疑ひを挾み得ぬ事態に過ぎないものであつた。されどこれは實に近來の國民の、經濟に關する國民倫理の頹廢をあまねく示すものである。わが祭政一致の思想よりみれば、今日の觀念としての、公有、私有、共產といふ三者は人爲思想としてみな同一根柢に立つものである。事依さしはこれに對し絕對の道であつた。祭政一致の道は、公有思想でも、また今日云ふところの國家社會主義でもないのである。さうして國家社會主義を生み出す人心や、今日ある漠然と自覺された觀念の萌芽を國家社會主義的な方向へ導かうとする思惑と、そのための思想とは、萬民の熱禱する維新に、翼贊するところの道とはならないのである。文人としての自分の切に念ずるところは、今日いたるところに旺然とあらはれつゝ、漠然と自覺されてゐる國民的な觀念を、神武天皇の祭政一致の古義に結ぶところにある。我々は宗派神道家の如くに、國民生活と神祇との中間に立つて、祭りの流行化を說く者ではないからである。祭りの本義の復活はむしろ宗派神道家的な職業意識の流行を一排するところになければならない。我らの祭りは生產生活のその中にあるものゆゑ、產靈の恩賴を實感せぬ彼らが、わが祭祀の本義を實感する點で薄いもののあるのはむしろ當然である。

祭政一致はわが政治經濟の道であつた。さうしてこの古道の恢弘の原因が人心の國意にあるといふことは、これを放棄して顧みず、その恢弘の成果を疑ふ者に說明するてだてはない。國民戰爭を戰へぬと觀ずる者は、彼自身が國民戰爭を戰はぬことを告白するものである。今日の所謂中立國筋の觀測といふものが、眞の國民戰爭を戰つてゐる者には何の意味もないのは、彼らが今日、戰爭の眞精神に初めより身を以て投入し得ない者だからである。彼らの判斷の限度は現下の戰爭に加り得ないものであるから、その限度による勝敗豫想は何ほどの意味もないのである。けだしそれらが一つの言論の體をなすことは可能であらうが、言論の必要とする倫理がない。卽ち行爲によつてうらづけられるものも、生命の指針をなすものも、積極的といふ形でないのである。今日に於てはこゝに投入し得ない者には、何一つ確信ある言と見透しのあり得る筈がない。そこに投入し得ぬ者には何の見當もつかない程に、戰事の實體は深刻である。我々は信念と倫理に於て、それらの言論として虛妄のものに敗れてはならないのである。我ら確信と倫理が、眞の實體をもち、卽ち虛妄のものでないなら、必ずかゝるものに敗れないのである。山下大將は三月初旬の陣中談で、眞の戰力の根柢は家庭教育にあると述べ、これは遠いやうで近い道だと教へてゐる。この思想を實行の上で押しひろめると日本の眞意義の歐州と異る所以を明らかにするであらう。日本の家庭教育の根本は躾けである。躾けといふことは完全にものをなす習慣をつけることであり、完全になすといふことは神明に對してなすことであり、卽ち神明として任に當る謂である。南洲の所謂天を相手とするの見解態度である。この躾けは日常の茶飯事に當つてなされるものだが、これが近來に至つてゆるみ、紊れ衰へたことは、覆ひ難い事實であつた。今日では皆の人が、飛行機には生きながらの神がのると語る、かく云ひつゝ、その發言を果して自らの言論上で反省したであらうか。この反省の有無はとりもなほさずことばの躾け如何にある。

　さて近代の人間の觀念の中で所有といふことは、最も露骨であるが、あくまで根本のものであることは疑ふことができない。さうして今日の思想狀態では、所有といふことばに當る思想に關して、その思想が歷史的な五變に移るか、古に復するかの岐路に來つてゐる。この岐路が今日の時局に當つて最も重大なものであつて、聖戰奉仕の成否の契機と考へられるのである。たゞに事依さしに仕へてゐた古の時代に於ては、人々は產靈に對して絕大な信仰をもち、今日云ふ所有と云ふ觀念はなく、されば私有公有を對立せしめる考へさへもたなかつた。事依さしに仕へる形は、所有の思想に餘地を與へず、ましてその考へは所有と相對する如きものではなかつた。人々は產靈の恩賴の下に住んで、豐滿と不朽の安心を味つてゐたのである。さらに古に於ては、所謂生活の趣味や文化も、今とは別途に考へた。これは近世の趣味生活や氣質を回想しても、多少思ひ當るところがある。さてそれらの安心と豐滿を人爲的に保有するために、獨占所有を思ひ企てる必要が絶えてなかつたのである。しかもこの安心は人爲的政治によつて立つのでなく、たゞ一途に人心の仕奉の心、卽ち祭りの心にその因があつたのである。しかし今日の思想の狀態に於ては、わが神ながらの人心にあるもののみに、一切の打開を期し難いといふ思想上の不安のあることを、暴力的に一排し得ないとも考へられる。しかしされぱこそ、なほさらに所有に關する體制のみを人爲の力を以て裁斷しても、それによつて安心し得るものはない筈である。我々はそれが迂遠と思はれる時に神州本來の本質に立脚するのである。今日に當つて、國亡びずの信は、先人の慨嘆したまゝに、この一點に決するものである。わが文章の念願は神州の人心の醇乎たるもののつながりに信をおき、人爲的に黨派を組織し、さらに號令するといふ形の所謂組織と指導のための雄辯的言論ではない。われらの文章は、神州の血脈にさゝやく文學であつて、その神ながら一體一如な心持で、戰ひの力の最根柢を信じ、民族の不朽に信をおくのである。されば明らかに祭政一致の氏族制は、武家封建の制と雲泥萬里に異つてゐる。これは事依さしと封建の異りである。その本質上の異りは、封建の制は、政治支配の强力體制であり、古は生產奉仕の制にて、卽ち祭りの生活であつた。この點では、維新の有力な志士の間にあつても、近世封建を以て神武天皇祭政一致制の遺訓と考へた者が少なからず、明治の栗田寬の如き人さへ、明らかにさやうに考へたのである。されば維新の時に於ける最も淸醇な天職思想としては、自分はこれを土佐の里正の出なる吉村虎太郎に見るのである。しかし祭政一致制と近世封建制を識別することは、よく〳〵の場合は別として、今日の知識的常識では必ずしも難事ではない。今日の知識的常識は、天皇の橿原御即位より鳥見山御親祭にいたる期間の御政治を「古語拾遺」の記述によつてよめば、祭政一致の本旨を謬ることはないのである。但しこのことは拾遺以外の古典國史には誌されぬことで、これも亦齋部廣成のありがたい志の發露の一つである。さて如上の意味からは、所謂公有思想ないし今日の國家社會主義風の考へ方と、祭政一致の古制を識別するに、むしろ現在の最大緊急の問題があると思はれる。且つその成否が將來の國運に影響するところ必ず甚大と考へられるのである。

　わが信念は、祭政一致の古義を述べ、これを轉じて、一箇の革新論に展開せんとするものではない。わが古典論は革新論の論理を一排し、たゞ一途にいにしへの道を云ふのである。即ちその實行の難易を豫め考慮する必要もなく、たゞ一片の誠心あれば自他ともに行へるところの、國の人倫を明らかにせんとするのである。されば本文の讀者は、必ずわが説が革新的言論に非ざる所以を悟るべきである。その理を悟ることは、思想に對する批判力のあらはれの一つである。革新論的な強力政治論の論理と心理とが、口にしたくもない外よりの壓力によつて、ある限界に到つてくづれることは、我らのつとに考慮したところである。しかるにもしそれらが緊急時態に應じて、眞に強力な國民戰爭遂行のための政治論となるなら、その因はみな國民性自體の中にあるものにて、こゝに於て我らは革新論の横行にも樂觀したのである。傍觀者的なあるひは高見の見物的な言説を恣意に立て、たゞ何物かの人爲人力に依賴して、戰線の重壓を身邊から遠くに離し置きたいといふ如き希望は、今にしては正當の士人の志とは申し得ぬ。我々は他人の人爲人力に依賴せず、自らの一己を以て、君と神に仕へ奉る道を云ふのみである。これ我々のあくまで安んじ滿足し、自ら仕へ得るのみちである。さればわが祭政一致論は、俗神道的ないし神職的なものの流行を否定し、政治經濟の現實生活に於て、根本的な復古を念ずるものである。

わが古の氏族制原始に於ける祭政一致の制とその天職の思想は、くりかへし云ふ如く封建の制ではなく、勿論近代云ふところの國家社會主義でもなかつたのである。所謂原始共產制といはるるものは、箇々のものを一概に決定せる概論故、さういふ言說をこゝで問題とする必要はない。われらの眼目は、事依さしといふことを考へ、これが何如なる意味に於ても所有といふ觀念を容れず、且つ所有といふ觀念と相對的な見地に立つものですらないといふことを明らかにすれば、こゝに於て近來の革新論の最大課題を解決するに足ると思はれる。さらにこゝに於ては、幸ひにもすべての革新論に共通する强力無慙な壓迫感を豫感することもないのである。されどわが論は、わが民族の永遠を信じ、卽ち神州と神州の民の國史的事實を信ずる故の論である。維新の原動力を人爲におかず、神州の民といふものの本來事實の上におき、その故に神話を一途に信じ、これに生命を托した見解である。

革新論の發生するところは、見るに見かねる現實の弊風に原因があつて、その一變を期するものであるが、人心士氣の弊を制度機構によつて變革するとは云へ、その弊のあるところは、みな人心にある。過ぎし御一新當初の藩籍奉還に當つて、薩長派と中間派との間になされた駈引の如きにしてすら、昨日までは大義名分の見地からも、政治の點からも一種の滑稽と見えたのである。しかし今日に當つては、こゝに機微なるものを味ふと語らざるを得ないことを、自身が關係してより十年にわたる文壇の變遷を通じて、しきりに感慨に耐へないところである。奉還の大義名分を云ふは易いのである。わが祭りの生活に於て、卽ち事依さしに仕へ奉る生活に於ては、所有といふ觀念がないといふことを明らかにし、私有といふことと對蹠相對の見地にすぎない公有ないし共産といふ思想とは、全然別箇の制である所以を明らかにするには、決して簡單な努力のよくするところではないと思はれる。

わが祭政一致時代に於ても、諸々の産業の發明者や、開拓の創始者は、その部族によつて、祖神として祭られたのである。その創始者が神と祭られたことは、創始指導者は所謂神の如き人でなければならぬといふことも意味する。こゝに於て我々は宣長の考へた神とそのみちを改めて思ひ定める必要がある。人が神であることは、おのづからの形で神ながらの道といふ道に人が住することを意味する。さうしてかく云ふ故に一きはふかくみちを明らかにする必要がある。特に今日の人心の狀態では、これが確立せねば勤勞を基本とする生産體制は成立せぬ。さてこの祖神は封建的な諸侯一般とは全然別箇の思想と事實によつてなるものである。天降《あもり》せられた神が、各地を巡幸され、そこに産業を教へ弘められたことは、古祝詞として著名な丹生大明神告詞《のりと》を拜しても明らかである。その産業は今より云うて一種の分業であり、これが國家規模に綜合される原理に祭政一致の制があつたので

ある。古代最も尊ばれた酒に關しては、國土のいたるところに造酒の祖神が鎭座まします
ことも周知のことである。かつ神の巡幸について、特殊な民の間に於ては、神代の幽契と
いふものが傳へられ、民はこの幽契を信じて、神の遊幸を待つてゐたのである。天孫降臨
の時、皇御孫尊を迎へ奉つた國津神のさまが、この典型であるが、「出雲の國造の神賀詞」
に現れた幽契や、「古語拾遺」の誌してゐる皇大神宮伊勢御鎭座に關する幽契は、わが肇國
と國體の上に於ても、根本的な重大なものがある。この遊幸と神代の幽契といふことに於
て一なる信仰は、民の生産《むすび》の生活、卽ち祭りの生活の根柢の一つであつた。自分はこれを
今日の大東亞共榮圈の民の生活にひき合せる時、限りない希望を以て、過去數年の云ふ甲
斐もないわざはひをも忘れ得るのである。すでに農を中心とした亞細亞の民の生活に於て、
その道の生活の本質にして、生活の現實の大部分である生産《むすび》といふことが、却つて生活上
での純粹の觀念となり、殆ど全部の生活意識は、異る政治經濟の關心にむいてゐるのであ
る。しかし我々は彼らに對する場合の思想や宗教を決定的なものとせず、彼の生活の中に
ある道を恢弘することを考へたい。所謂皇道の宣布とはこの以外ではないのである。皇道
宣布とは、彼らのもつ人爲の思想傾向をすてさせ、代りに人爲の新宗教や新思想を與へる
ことではない。さういふ意味で京都學派などといはれる諸君を始めとし、所謂大東亞理念
の諸多の組織者と學術的にその基礎づけをなす者を、一括して批判し、これに反對を表明
してきたのである。近代以前の古い生産樣式と云はれ、アジア的といはれるそれらの生活
地帶の生産生活を、左樣に云ふものとは全然異る觀點よりながめ、そこに古の道の持續と、

将來の光輝の曙光を見る。故に我々の言論の趣旨としては、彼らの生活の事實と生命の本質によつて立つところの道を、恢弘するのである。彼らが種子をまくといふ計劃を、例へば營利といつた、農本來の道とは別箇の近代思想によつてなさうとも、種子をまき、雜草を刈り、稻を育てるといふ、眞の農事をなす間に於ては、なほ必ず十分に醇乎たる道を味つてゐると信じられるのである。このことは我國の都市近郊の營利的農業者にも云へることである。されば我々の言論の契機は、こゝに現實的に成立するのである。

祭政一致といふ論の見地より云ふ農といふものは、勿論社會學的分類による農業をいふのではない。今日の營利農業の如きは、その農こそ祭りの根柢であるだけに、何者が祭りの生活を毒してゐるよりも、その罪深い存在である。この意味で、今日の農業指導が、戰前よりの技術を大方踏襲し、營利農業を主として、そこより割り出した栽培指導をなほ脫出し得ぬことを殘念に思ふ。道としての農事と云ふ意味の農は、事依さしに對する奉仕生活の根本樣式を呼ぶのであつて、卽ちすべて生產の諸生活の根本典型となるものを云ふのである。それゆゑこの事依さしに仕へ奉るといふ祭りの生活が、今日では大半の農家を離れて、たゞ觀念の上の道德として維持されてゐる面が多いといふことは、國家體制の不健全さを現すことにもなるが、なほ醇朴の鄕村の宮座などには、祭りの生活の典型が儀禮的に細々と傳承せられてゐるのである。これらの場合などを例として所有とか相續といふ觀念の樣相について、多數思ひあたる觀點がある。

明治以降の相續といふ觀念は、思想的に云へば、封建のそれをほゞ踏襲し、且つ財の集中を抑壓するために、相續に對し財的干渉をなし、これに對して株式會社といふものによつて、産業體の機構の方の増大を計つたが、これは近代市民國家の政治的見地に立脚する思想を多分に加味したもので、されどこれは財の所有者の倫理を思へば納得すべき點もあり、最近に於てはその傾向が益々強く、そこに社會正義といつた見地よりの干渉さへ加はるに至つた。

されど所有觀を別箇になしおく限り、如何に近代の相續に干渉しようとも、社會正義は行はれぬのである。けだし社會正義は一新の契機にふれる思想ではないのである。わが天職相續の思想と事實は、またこれらのいづれとも異つてゐたのである。封建時代の士人の相續は、祭祀の相續を中心の思想とし、その封祿は悉く一人に傳へ維持したことは、封建制維持のための犧牲を他に強ひたものとも云へるのであるが、天職相續に於ては、生産生活のための一切の設營の相續であつて、その間産業を縮小したり、他を犧牲にするといふ面はなく、子孫の繁榮はさらに開拓に向ひ、故に産業とその相續は自ら生々發展を道としたのである。封建制の相續は、政治的に動員しうる人口を本とし、それを養ふ封祿の相續にて、こゝに維持はあつても、生々發展の理はそれ自體の中にはない。さうしてこれが一つに統制せられてゐたのがその體制である。これは明らかに政治的な支配體制の相續であり、その體制維持の政治經濟道徳がこゝで立てられるわけである。しかるに天職相續は親の司をうけつぐ生産生活の相續であつた。さらに近代の相續の思想は、祖先の祭祀を第一とし、故に系圖をこれに附隨させるけれど、財の面では所有權を專らとしてゐるのである。

故に我々の間では、すでに親の代々の職といふものは、何の重さももたない詞となつたのである。されど現代の人心と物慾的な社會構成の下に於て、直ちに天職相續の復活といふ純粹思想を革新論的な思想に立てることは、勿論机上の空論以上に出ないけれど、その思想と論理の歸決するところは、新しい封建制を要望することとなり、現狀の下でこれをなす力と云へば、所謂幕府といふもの以外の何ものでもないのである。さらにかゝる論法が農の面に働く時は、その思想は獨裁的な農本主義となる。所謂農本主義のいふところの農は、社會學的ないし政治經濟學的分類の農であつて、これは今や敵國の謀略宣傳に唱へつゝあるところの、日本を以前の農業國にかへすといふ時に、彼の考へるところの農と一見の皮相に於ては大體に區別がない。しかるにわが古道に云ふ農とはかゝる近代的分類學上のものでない。されば祭りの生活といふことが、無限に不滅に生々發展してくゆくものなることを悟るならば、こゝでいふ農といふものが、如何なる制度に於て生產生活の典型となるか、ひいてそこで云はれるみちといふものの意味に通ずるであらう。

しかるにこの考へ方から農の精神を抽象して强調するといふ論法に赴くことは、またこゝに細心周到に警しめねばならないものがある。みちは農そのものの中にあり、農を離れてみちはないのである。かく云へばさらに云ふべきことは、單に農のみにみちありと考へ、外を排することの謬りについてである。このことについては、既述の「古語拾遺」の肇國記事に改めて立ちかへればよい。ことがらは分明である。すべての生活が、祭りの生活に直結するといふことは、民草に上下なく、職に貴賤ないといふことと同一の意味を云ふのであつて、このことは祭りの執行と、そのための生活の營みを考へるなら、今日の貴賤の判斷や價値の判斷は自ら一變するであらう。我々文人の用意は、古典の論に於てつねに細心周到の心づかひがなくてはならぬのである。このことを今日の具體的な面で云へば、古のことを以て、思ひつきの革新論や指導論をつくることを、深く戒心することもその一つである。されどつねに我々の思考を、この方向にはたらかせるなら、ほゞ云ふところの誠實にたどりつくと思はれる。

たゞ今日では、わが國の祭祀の起原由來について、雜多の考古の學問や雜學が行はれてゐるが、我々のよりどころは、古典に從つて皇御孫尊の天降りの御時の神敕を奉ずることで十分である。祭政一致は舊來の意味での宗教やその信仰でなく、故に他國の國際宗教の政治經濟思想と、相對の見地で爭ふといふ形におとしめてはならぬものである。この道は將來の世界に向ふ八紘一宇の道である。たとへば大命を奉戴する派遣部隊の陣中の祭祀は、その部隊長が祭主として行はれるべく、こゝに宣教師的神職者の携行を必要としないものであるが、このことの實踐は、あくまで絶え間ない誠心によつて、道の自らをふみ行はねばならぬことを意味する。卽ち宣教師風の服裝の飾りによる可能な僞瞞を豫め自ら斷つことは、その服飾を用ゐることは方便としてやさしいだけに、幾倍も嚴肅な志がなければ、成果一も期し得ないといふ結果となり易い。さればまたこれをなすことは、必ず心の根柢に於て、自らな大安心と大確信をもつ所以となるであらう。

かりそめに申すには畏きことであるが、天孫降臨の御時の神敕に拜する、わが神道と祭政一致の道を、天孫降臨といふ大御事實の自體の中に拜したいのが自分の思ふところである。さらに畏きことをあへて申せば、天孫降臨といふ道の大御事實を、かりに一箇の大思想として拜するといふことが、祭政一致について思想上の論をなす時の自分の根柢心であつた。思ふにそのかみ、諸神の靈《みたま》の混沌するわが國土に、皇御孫尊の天降り御座すといふ大御事實は、それ自體が道の思想的表現と感じられる。この莊嚴は言葉の藝術を絶するものである。しかもこれと同じ現象が、神武天皇御紀に拜せられたのである。天皇の御東征當時のわが國の思想界は、天孫降臨當時と同じく諸神と諸靈が横溢し、且つ混沌として、或ひは怒濤をなし、人心つねに斷崖を傾斜に一歩一歩ふみしめねばならぬ狀態であつたと思はれる。されば天皇の鳥見山の御親祭に、神ながらの道を祭政一致の制として明らかにし給うたことは、人皇の御一代と拜する所以と恐察せられることである。天孫降臨によつて混沌たる思想界に、わが神祇大道が貫道した如く、神武天皇の鳥見山御親祭の一擧によつて、當時の思想界は混沌の中に貫く光りの道を拜したのである。それは單に信仰樣式の確立といふものでなく、生活と生存の道の確立であつた。神祇の大本は、諸神と諸靈の混沌とした神々の世界に、天孫降臨あるところに拜せられる。こゝでも本末中外を誤つてはならない。さて道は思想と等しなみに云はれるものでない。思想は人力の智的技術である。最も細心緻密の用意によつて成熟するはたらきである。この技術のない者の古典論と、その論を方便的に使つた政治革新的發想が、今日の人心をすさませたことは少くないのである。

わが祭政一致の制の根源は、神祇の大道として、天孫降臨といふ大御事實によつて決定せられたのである。神武天皇祭政一致の古制の要訣とするところも、それの新しい表現である。これを國體に於てみれば、至尊の高御座につき給ふことは、實に天孫降臨のそのまゝをくりかへし給ふ意味であつた。さればわが神祇の大道を拜するには、後世にわたつて諸他の國際宗教よりとり入れた歪曲と變調を排除し、その眞姿本體に於て仰がねばならぬのである。卽ち國際宗教的宗教觀念により神道を宗教化せんとし、渡來の國際宗教に對立される如き形の神道宗教を組織する人爲を、今日も亦排除せねばならぬのである。しかもかういふ傾向の思想は、或ひは古典の論として、神道の說として、又は文化の政策論として、思想運動の黨派理論として、いたるところで行はれてゐるのである。こゝで御一新の當初の思想界を改めて囘顧すれば、神祇官の復興と云ひ、國教の設定といふ一部神道家の思想動向が、あくまで政治的に傾き、つひに古道恢弘の機會を自ら歪ませたことが、慨嘆に耐へないのである。わが祭政一致の恢弘は、かゝる表相の政治勢力の上で、政治工作によつて成功を思ふべきものではなかつたのである。大化改新に於ける石川麻呂の神祇を先とすべしとの說はかゝる一部の明治神道家の政治關心とは異り、さらに根本的な國家體制と國民生活の復古を唱へたものであつた。神道を觀念的宗教として組織し、これを强壓的の國教となさうといふ御一新時の一部神道家の思想は、その發想に於て、その野心の政治性によつて、さらに事實に於て、いづれも道に卽するものでない。このことは、今日の皇國思想を內外に及ぼさんとする時に、さらに十分の戒めを要すべきところである。

延喜式祝詞をみれば、祈年祭大嘗祭（新嘗祭）が祭祀の中心として一貫し、こゝにも天孫降臨に現れたわが祭祀の繼承は明らかである。しかもこれを思惟すれば、天孫降臨をそのまゝに思想として表現したものと恐察せられる。祈年祭及びその祝詞によつて、この祭りが濃度の整合と觀念化をへてゐるのではないかと考へることは、一應の見解であるが、この見解から眺めるなら、必ず自然のものの完成された事よさとして感銘せられるであらう。古の道は人智の思想と異り、神異の天造であるから、人智のもつ破綻を知らない完成物である。されば「祈年祭詞」のもつ、かの堂々たる國家的秩序は、人工の完璧をへてゐるとしても、人爲の觀念化でないといふことを悟ることが、ひいては道が人爲によつて國際宗教化されるときの機微を知り、道の觀念化の契機を看破するに足る古學の眼を養ふことゝなるのである。

さらに祈年祭詞を思想的にながめて、その嚴肅と莊嚴を合せて整然たる大體系に驚く者は、一層に深く天孫降臨の大御事實の思想として整然たるさまを、且つそれが萬古無限の體制の要點をなす所以に驚嘆すべきである。これいづれも天造神異のものの、あくまで偉大にして眞實なる事實を示すに他ならぬのである。

さらに延喜式祝詞に於て激しく感じられることは、天皇の類なく畏く尊き有樣を、おのづからにあくまで激しくうつし奉つてゐることである。即ちわが祭詞の第一等の古典は、ひたすら、天皇の尊貴をうつし奉つた文學であつた。それは奈良京や平安朝の文學とも別箇の形で、神の世界に於て天皇の尊貴をうつし奉つてゐるのであつた。そしてこれらの祝詞の多數は、根幹に於て神語を以て形成せられてゐるのである。神語はそれを曰うた神の靈異の力によつて、その詞を誦すれば、必ずその神語の通りに實現すると古人は信じた。神語敕語は大命であり、これを拜誦することは、仕へ奉る道の出發であるが、その拜誦によつて、つねに神靈の加護が信じられ、成果ののちには復奏として、加護の下に奉行をなしあげた子細を申すためにまた拜誦するのである。これが祭りの完了である。御稜威を蒙りてといふのは、この事實を云ふのであつて、故にこの事依さしに仕へ奉る生活の原理は、卽ち轉じてことだまの信仰となるのである。ことよさし論に於て、人が一手を加へることは、同時に神が一手を加へることであつた。申すまでもなく、この意味は、生産《むすび》にかゝはることである。生産の作用を中心にしたみちである。

　今次戰爭中の月次の大詔奉戴日の設定といふことも、本意として考へるなら、すべてこの古代より傳る日本人の道に卽する信仰の現れに他ならぬ故に、これを古のまゝに實踐しなければならぬといふことも申すに及ばぬことである。單純な宗教的儀式であつても、複雜な政治行爲であつてもいづれも無力である。眞に大切なことは、さしあたつては古道への反省につきる。この反省ある時、なすべき緊急事は明らかとなるであらう。なほこゝに云ふ道に卽する信仰は大命の奉行そのことであり、さらに具體的に云へば、勤勞そのものであるといふことを、今日では特にたしかめておきたいと思ふ。ことだまの信仰といふことは、神語敕語は、その源の神と天皇の靈異力によつて、その御詞のまゝに拜誦する時に、必ず大御言のまに〳〵實現するといふ信仰であつた。しかるにこれが觀念的に轉ずる時、あらゆる言語についてゐる精靈を感ずるに到る。さらにこれが一轉しつゝ、その間にほぎごとの善言美辭の信仰を通つて、言語が人の運命を左右するといふ感情を觀念化し、さらに恣に空想し、その結果として、すでに古にも言葉の觀念神を作つたほどだが、つひには近世の言靈教の如き、邪な人爲神學を妄作するところに陷つた。ことだまからほぎごとまでは正當な順序であつて、それより轉じてゆく過程は、觀念宗教の發生因を識別して欲しいところである。ことだまの信仰は文化文藝の上でも重要なことであるから、この原始と本質を正しく把握することは、文人讀書人の第一義の務めである。

祭りといふ觀念を明徴することは、今日にしてはわが文人の重要な任務である。さればことだまといふ一事に於ても、これを輕々にしてはならない。今日に於ても、前線の軍人は、大詔を奉誦することが、神助の實感を體現し、必勝不敗の信念の根柢となると語つてゐる。これがことだまの信仰の原始の典型であつて、この古の典型がそのまゝに今日の民の生命の原理となつてゐるといふことは、古も今も道は一つに貫くものなる所以を現すものである。さればこゝに大詔奉戴といふ一事を、古に通じて回想するといふことによつても、わが萬古一貫の道は、わがうちに不朽の生命の實感を痛切に味はせるのである。しかもその語はもつと單調なもの、短いものでもよい。場合によつては、異國の語でもよい。もしくは異國の例に於ても、なほかつ古の道が、何かの形で殘つてゐることを現すものである。古代より離れたと宣言する近代の者ですら、かゝる點で無關係なものはないのである。卽ち近代の詩文や科學者の語録を云ひ、そこに近代的な理窟を云ふ者に於ても、ことの本姿の點では變りなく、我々はたゞ彼らの未熟な自己分析と精神の事實審理をあはれめばよいのである。

さてことだまの眞義を、己の日常の特異の瞬間にさとることによつて、特異に現れ靈異を思はせるものが、常住のみちの原則の一端の現れに他ならぬことを悟らねばならない。こゝより我々はわが祭祀の生活と觀念を明らかにしうるのである。我國の傳へる祭祀の本筋が、異國の祭天行事に非ず、また國際宗教の教團信仰の絶對神崇拜に非ざる所以を知るであらう。そのことは祭りの觀念を明徵し、神武天皇祭政一致の制の回想の契機ともなるのであつた。この人心一般の事實こそ、皇國體のみちの天造なる所以をあまねく示すものであるから、我らが子等にほどこす教育の上でも、この靈異のしくみに深く思ひをめぐらし、躾けも、教へも、つねに眼前の一點より無限に向つて、生きたものを育くみ、或ひは赴かせるやうに努めねばならない。教へていふことのための設備が次第に窮屈になることは、今では明らかで止むないことである。文學の仲間もそのことをくりかへしおもひつゝ、加速度的に人ごころのすさび易い日に、心を定めてあひ向はねばならぬ。近世封建の世の教學は、かりに云へば意志を旨とし、しかも必ずしも冷淡でなかつた。さらに近代文明開化以後の文學では、專ら情を旨とし、その人間主義の思ひやりの極るところ、徒らに安易に墮するものがあつたが、なほ豐滿な天成の作者の若干を殘した。これに今日をひき合せるなら、今日の文學の教へは、言論に於ても、教育に於ても、その主旨は專ら知を旨とするものと云ふべきであらうか、それは冷淡に極るものがある。今日の若者は封建の放蕩も近代の戀愛も知らず、心ある僅かの者が、それに代る今日の偉大な開花をみとめたのである。彼らは教へられないで、自ら神ながらの道を行ひつゝさぐり求め、そこに生きたのである。彼らはたゞ自身を祭り、自己を自身で祭るすべをさへ知つた時、世間はたゞ愕然として覺醒した如く、彼らを神とよんだのである。彼らの靈は何者がいづくに放《や》らうとするとも、つねに皇土に止り、一大事に當つては、必ずわが國民の心々に分け鎭るのである。すでに我々は神靈の加護を確信して、祭り即ち生活といふ體制へ心を向けねばならぬ。わが文學も文章も、神靈の加護なくしては、よし作り得ても、何ものかが新に産れることはあり得ぬのである。神靈の加護がなければ、宣長の文學が己に傳はり、自分のうちに生きてくるといふことはなかつたのである。自分はさやうに信ずるものである。

　しかもそれは故人と云はず、例へば今の人なる折口信夫の學問も、なほ神靈の加護なければ、その說や知識的結論の部分、即ち學派的亞流をなす部分は知つたと思へても、學と云ひ思想と云ひ文學と云ふ生きたものは、わが心に移り住んでわが魂を太らせることはないであらう。されど古人の說の部分部分を知つたばかりと思へるほどの人々が、却つて特攻隊といふものを、精神としてことなく說き教へ、手輕の形に集約して、それで人を暴壓するやうな論理を無造作に語りつゝ、いさゝかもその論理と論ずる己の上にふりかへりをのゝくことのないのは、何に原因するものであらうか。されば私は神靈の加護を信ずるものである。

（附記）「本文はこの倍ほどの長さにして、多少樂しみつゝかくべき文章だから、このまゝでは讀みにくいところも多いと思ふが、時節がら紙面を節約すべく、箇條がきのやうに書いたので生硬のところも少くない。なほ本文は、本誌（「公論」）昨年の八月號、十一月號と二回に分載した「鳥見のひかり」の續篇にて帝都の火災を見る夜々に、これを完成する念止み難く、三月に亙る病中一度は生死のきはをさまよつたあげく、疲勞を排して强ひて草したものである。去十九年秋以來思ふところあつて殆ど筆をとらず、そのうち病中極度の困憊の中にゐて、專ら「天杖記」の校正推敲に當る。本稿はその間迅速の作である。しかるに本稿下版後、忽ち召集の令來り、六時間の猶豫の間に、大阪部隊に入隊せざるを得ざる狀態にあり、今にしてわが半生の事業を回顧する暇もなく、僅かにさきの「天杖記」と共に、この「鳥見のひかり」三篇、册子にかゝげし後、加朱校訂せるものを、なきあとのことも思ひて、家人に托しおくのである。

天杖記

鎮魂歌

うつし世に己《シ》が魂ふるとのべまつるかしこき神のものがたりかな　その一
すめらぎのおほみ遊びのみあとまをしおもひしづめば神ごころわく　その二
やまびとのちとせ祝ひの杖のうた神のみまへにいまもとなふる　その三

遊び歌

大君のみゆきのまにまやま川のよりてまつれるかみの幸はも
大御代のおもきつかさのさつをぶりし丶追ひしこの山路ともしも
はせむかふ手負のし丶に面おこしあはやと射たまふ宮のを丶しさ
やまかげにし丶追ふをぢのおほまへにめされしはなしわれは忘れず

みゆきぢをてらしまつりし村びとの大夜のあかりはいまも見るごと
はねあみもたけなはとなる日ざかりをわが大君は酒みづきます
をとめらが赤裳裾ひきひさかたの天びとさびす時すぎにけり
赤人の御獵のうたのさながらをうつゝまさ眼にながめせしかな
古りしひとのまたあはめやとなげかせばあたかも耐へむ口ずさみつゝ
あはれわが向の岡をさりかねてしみじみ見たる夕けぶりかな
山かげをたちのぼりゆくゆふけぶりわが日の本のくらしなりけり
見わたせばやま野もいへもかすむなりわが立つ淀の川のさ霧に
けふもまたかくてむかしとなりならむわが山河よしづみけるかも
はつくにをしらすうけひのゆゝしさにおぼしめしけむ吉野の鮎を
ゆく水の水沫さかまき絶えまなく多摩の川内に立ちておもほゆ
よろづ代に語りつぐべし神ながらわが大君のみ名かしこみて

一

明治天皇の大御代は、名相賢臣現れ、國史千年の精華がこの一時に萃つたかとも思はれる、輝しい御宇であつたが、萬般の御政務を御自に統べ給ひ、たぐひない業を成就し給うたのであつた。その御一代の間には、國内《クヌチ》殘る隈なく聖蹟を垂れ給うてゐるが、その行幸《ミユキ》は、みな御政治を旨と遊した大御心の現れであつて、今も民草が、事ある度に思ひ起す數多い御製の一つに、「年々におもひやれども山水を汲みて遊ばむ夏なかりけり」と遊ばされたことなど、世の相《サマ》につけて思ふに畏れ多いことである。まことに數知れぬ行幸のうちにも、御遊覽を旨と遊ばしたためしは絶えてなかつたと承つてゐる。されど龍駕を迎へ奉る土地土地の山川《ヤマカハ》は、神ながら今も古も一つに仕へ奉《マツ》つて、大御心を和めまゐらせたさまは、御製の中にしきりに拜することである。

つねに政事《マツリゴト》に大御心をかけさせ給うて、かくの如くではあつたが、ある時なにがしとか申す大臣が、政治の責を負うて職を辭したい旨を言上し、御聽許を願ひ出たところ、天皇は、御自には辭すといふことがない、と曰《ノタマ》はせ給うたと傳へられてゐる。かしこき限りの大御言である。

また天皇の御逸話として、如何ばかり玉座を尊みせられたかといふことを教へられた。つねの御時にも玉座の外に坐し給ふことなく、さらに御座に著かせ給ふ御樣は、さながら畏き極みで、拜してゐて、天つ神天照大御神の事依《コトヨ》さし奉《マツ》り給ひし、高御座《タカミクラ》に卽かせ給ふといふ神事が、ありありと感じられ、代々の天皇《スメラミコト》は、みな皇御孫尊《スメミマノミコト》の御一體にましまして、その高御座に即かせ給ふことは、天の磐座《イハクラ》離れて天降《アモ》りましし時の天《アマ》つ宮事を、そのまゝ現世《ウツシヨ》に知らし給ひ、とりもなほさず天降りと一つであるといふことが、實感せられるのであつたと、語る人は一きは、感銘を深く現したのであつた。このことは、餘りと幽遠のことである、こゝに誌したまゝでは、人の心にひゞく上で、如何かと思ふが、語る人は神話の理《コトワリ》を思つたのではなく、拜した感動のまゝを傳へたのであつた。

誰しもこの物語《モノガタリ》を深く考へるなら、儒學の風儀で大義名分といふ時の、名や分、位や地位といふものと、わが國の位とは、雲泥萬里に異るといふことを、自然のものとして味ふであらう。されどこれとあれと較べ奉るさへ、愼しみうすいとのそしりはまぬがれぬこともある。さういふ點から云うても、近代の者の、使命とか地位といふことについての感覺が、どれほど慨しいさまにまで下つてゐるかは、口にしたくないことである。

御生涯の御うちには、色々有難い御物語が數知れず傳へられてゐて、國内ばかりか、外國にも大御稜威は響きわたり、異國人も畏み怖れ奉つた天皇にましましたが、また皇國の歴史を、御身一つに顯された御多事の御生涯であらせられた。さきに申した御製も、畏れ多い御述懐であるが、いつの年の夏だつたか、ある夕方御端居せさせ給ふ時に、微風もない暑氣に耐へかねて、女官の者が思はず、暑い夕べとつぶやいたところ、それが御耳に入つたのであらう、御庭を御覽になつてゐられるまゝに、あの泉水の水をこゝ近くにひけば涼しくならうと曰はせられ、御自その土を掘起し始め給うた。女官たちは驚き畏んで、各々土掘の器具をもち出して、水道をつけたが、下ざまの荒くれ男にさへたやすくはないことをしたと、語り合つたといふことである。

　この物語は、下田歌子が實踐女學校の講堂で申上げたのを、直接承つた人づてにきいたことの一つである。上に仕へ奉る女房たちに、かうした時にあたつて、下様《シモザマ》の民の勞苦をお教へになつたものであらうか、はしたないつぶやきを御自喩し給うたのでもあらうか、と、又別の人が註釋したことだが、畏き神ながらの御所作に、さやうな下賤の思慮を加へ奉り、解釋を試みてはならぬ。代々の天皇の御物語の中には、これに似通つたおのづからのめでたい御例が少くなかつた。神ながらの御教へは、狡智の人心の思惑とことかはり、何の下心もない、大様でめでたいだけであつた。神ながらには、教へや喩しの寓意はないのである。それこそが神ながらの道の姿であつて、されどこれを己のいのちに、如何やうにうけとるかといふことは、又別個のことである。たゞかりそめに言擧《コトアゲ》できる道德の寓話といふ形で決《キ》めとるのは、その心になほ神の自然《オノヅカラ》を信じてゐないからであらう。されば、寓話の範圍の佳言宏辭を理解し得ても、神話の善言美辭の太く旺んなものをわが魂に鎭め得ぬことを、自《ミヅカ》ら示すものであつた。

　天杖記と題して申述べようと思ふこの物語に於ても、今日の道德の教訓だけを感じる人《ヒ》間心《トゴヽロ》では、この神ながらのたふとくめでたい生命の現れにふれて、己れの生命を振起するといふことが、出來難いかと思ふのである。神ながらの教へのすなほなうけとり方が、今日では一番大切なことになつた。それをものがたるのが文學であり、また文章の生命である。わが文學文章の任務は、世の常の人間と現世の極致を描く教への學をさへ排して、畏き皇朝《スメラミカド》の神ながら生々たる發展の事實を、生命に喚起するところにあるが、この天杖記を讀まうとする人には、始めにそれを考へて貰ひたいと思ふのである。神ながらの自然《オノツカラ》は、今日の人智の達した程度の道徳律で、これを換言してはならぬのである。

古い平安朝の文學では、天皇《ミカド》のめでたさを、その頃の道徳律に換言した聖徳といふ形に誌し奉ることなく、神ながらのみやびの、めでたく尊いありのまゝを、たゞ美しくのべ奉つた。たゞ美しく樂しく寫しまゐらす、これが皇朝のものがたりといふものの根柢であつて、文章のみやびの根本であつた。わが古典は、古事記に於ても祝詞《ノリト》にあつても、いづれも神の物語を、たゞそのまゝに誌したのである。わけて古代の祝詞のあるものは、自然界の現象のありのまゝをうつし、しかもそれによつて、神々の御振舞と靈威の威力を、眼前にみなぎらして、神いますさまを生々と描き出してゐる。こゝに言靈《コトダマ》の本源があり、わが國のみやびの根柢があるといふことは、本居宣長も申されたところであつた。されば萬葉人は、おのづからの歌の中に、天皇の御座《オハシマ》す文學をなし、平安京の文人たちは、常にみかどの尊さを思ひ念じつゝ、みかどの御ことをあらはに誌し奉《マツ》らぬ文章の中にも、わがみかどに仕へまつる心のみやびを描き出したものである。たゞそれを念じつゝ、他事を描く文章の中に、みかどのみやびの現れることを願つた。あらはに記しまつることに對しては、深い愼みの情があつたのである。

しかしながら今日では、神ながらも神さびさす大御所作《オホミテブリ》をさへ努めて言擧し、これを我が已れの人ごころから、道徳の寓話としてうけとり、わが天皇の聖徳をさういふ形に仰ぎ奉つて、その果に心なくも、わが皇國風《ミクニブリ》を、異國のものと等しなみに較べる人等も多いのである。神より傳る一系の國史を失つた異國の民は、假令ひ努めて神話に對しても、善良な場合でさへ、せい〴〵これを人工思想の寓話としてしか、うけとり得なかつたのである。

二

明治天皇は御親政の始めに諸道を巡幸《ミメグ》り國見《クニミ》し給うて、王政復古の皇化《ウツクシビ》を布き給うた。即ち明治五年の西國御巡幸より、明治十八年山陽道に行幸し給ひしまでに、各地の御巡幸は六度にわたらせられ、これを六大御巡幸と申上げてゐる。王政復古の始めに東海道を江戸に行幸し給うたことは、千年の國史に例ない御盛事であつたが、それを思ふにつけても、後醍醐天皇の御時の「元德二年三月日吉社叡山行幸記」に、天皇逢坂を越え給ひ、近江に行幸《イデマ》したことを誌し、「ひととせ粟田口の山庄に御方たがへなり給ひしときは、逢坂のふもとちかくとこそあそばされけれど、けふは關路まさしくこえたまひて、あづまぢはるかにみそなはす、叡慮もさこそ御めづらしかるらめ」と描き奉つたことも思ひ出される。まことに元德のこの文章は萬感にあふれる書ぶりであつた。「關路まさしく」と誌され、「東路《アヅマヂ》はるかにみそなはす」とあるのが、今もさながら胸うつのである。かてて加へて、その後の朝廷の御有様は思ふさへ恐懼の限りであつて、德川幕府の頃には、主上は御所の御外に出御遊ばすだに、大御意のまゝならぬことであつた。されば初めての海道の行幸に、遠州

潮見坂にて、鳳輦を駐めまゐらせ、太平洋の波を御覧に入れ奉る。富士山の麓にかゝり給うては、供奉の三條西季知が、

君よ君よくみそなはせ富士の嶺は國のしづめの山といふなり

かく和歌一首を奉つた。その場所は三島と傳へられ、こゝは鎌倉幕府の頃より深い縁《エニシ》のある、三島明神の鎮座さるゝ地である。申すまでもなく明治元年初の行幸の御時であるから、天皇寶算十七に御座し、時に季知は五十八歳であつた。季知は長州落ち七卿の一人で、なかで最も高齢の人であつた。御齢稚くまします主上の盛な行幸に従ひ奉る、この千難萬苦を嘗めてきた維新の老臣の心情は、まことに三十一文字のその中に、尊いばかりにめでたく溢れ、王政復古の國史的感銘と、わが民草の純一の心情の流露して、今も誦む毎に感迫る歌である。さきの元徳行幸記の一齣と思ひ合せて、その感動のよるところを味ひたいのであつた。

さて六大御巡幸と稱へ奉る行幸の御初めは、明治五年五月二十三日に東京御發輦、中國西國を巡幸遊ばされ、七月十二日還幸せらる。次で九年には奥羽より、海を越えて函館に渡り給ふ、けだし有史以來の御盛事であつた。ついで十一年には北陸東海兩道を巡幸遊ばされ、十三年には甲州街道より三重縣京都府等に行幸せらる。翌十四年東北より北海道の全道を巡幸遊ばされ、秋田山形等をへて還幸し給ふ。さらに十八年には中國の三縣に行幸せらる。以上を六大御巡幸と稱へ奉り、こゝに始めて國土あまねく國見遊ばされたのである。

車駕甲州街道を進ませられ、府中、八王子を經て、親しく武藏野の風物を御覽遊ばされたのは、このうち明治十三年の御巡幸の御時であつた。明治天皇と武藏野との御緣は、明治元年の奠都によつて既にむすばれたのである。今日御集を拜展する時、この地の風物の大御意に召したこと一通りでないことが拜さる。代々の歌人にあつて、天皇におかせられるほどに、武藏廣野の天然と風物を、かくの如くに歌つた者はなかつたのである。しかしながら武藏野との御緣は、なほ明治十三年の御巡幸の御時を以て、第一に考へたいのであつた。

明治十三年六月十六日、天皇は御馬車にて、赤坂假皇居を御發輦遊ばさる。伏見宮二品親王を御始めとし、三條太政大臣、寺島參議、伊藤參議、德大寺宮內卿、松方內務卿、三浦中將以下供奉百數十人、山田參議、河野文部卿、山岡宮內大書記官等は御先發であつた。鳳輦はゆく〳〵沿道人民の堵列奉拜する中を、西に進ませられた。この時府中に於ては、國旗、懸燈を建て、榊葉の綠門を造つて、黃白の繭を以て菊花を象つた。かくて奉迎の至誠をさゝげて、有史以來の盛事を祝ひ奉つたのである。しかしこの日はあいにくに雨が降り出した。この時供奉の者より和歌二首を上る。

いでましの道淸めんとみくまりの神の降らせる雨にやあるらん
うるふべき世のしるしとやさみだれのけふのみゆきに降りそゝぐらむ

さきのは加部嚴夫の作、後は池原香穉の詠であつた。池原は當時文學御用掛に出仕し、この時の供奉記「みともの數」の作者である。

かくて府中に御小憩遊ばされ、大國魂神社に奉幣せられて、鳳輦さらに日野に向はせられると、雨はいよ〳〵激しくなつた。この度の行幸のために、道路に布かれた砂礫が、泥水に混り、御車の車輪も没するほどで、儀仗の外の官員たちは別途を通つたと傳へられ、かくて日野驛佐藤俊宣宅に御小休あり、午後五時八王子行在所谷合彌八宅に著御になれば、雨は漸くに止んだ。この夜は池原文學御用掛を召され、調布の布多天神社、府中の大國魂神社などを始めとし、御途中の史蹟についての説明を聴せられ、又多摩の横山などの歌枕について申上るところがあつた。その夜八王子の住民和田義質は、淺川の螢三千匹を天覧に供へ奉つたが、その時の和歌に、

下草にすがる螢もはひ出でてけふのみゆきにあひにけるかな

天皇はこの螢を、都なる、皇太后と皇后の兩宮に贈らせ給うたが、昭憲皇太后御集を拝披すると、十三年の部に「民のさゝげたる螢とて八王子の行在所よりたまひければ」と題されて和歌一首を拝す。

さびしさもしばし忘れてみるものはみまへになれし螢なりけり

古き都の御代のみやびの思はれて、國ぶりの御つゝしみ深い御詠である。

この日八王子に於ても、府中と同じく緑門をたてて、鳳輦を奉迎したのである。かくて翌十七日發御の御時には、遠近の民雲集して、鳳輦を拝し奉る。堵列道路にあふれて、辛くも儀仗を通ずるばかり、まことに形容の語もない未聞の御盛事であつた。されば思ひ起すことは、我らの少年時代、大正天皇の大御代であつたが、今上陛下の皇太子におはしま

して御成婚の御儀をとり行はせられ、やがて山陵に御參拜遊ばされた時の民衆奉拜の有様が、辛くも儀仗を通ずるといふ形容にふさはしく、これが幾度か明治天皇の行幸を拜した時の民草堵列の古の俤を、大凡に殘し傳へた最後の盛事であつたと、鄕黨の老人等の申すところである。

かくてこの日、天皇には小佛峠を御板輿に召されて、甲斐路に入り給ふ。その御順路の次第は「みともの數」につまびらかに拜し奉るのであつた。明治初年の御巡幸には、大命を奉じた文人詩人が御供に仕へ奉つて、各々の道の記としての行幸記錄を、和文を以て誌し傳へてゐるが、これらの御一新御初政の頃の文人の描いた行幸記こそ、わが和文の最後のものと思へる事實を、私は今日の文人として、文學の上で切に思ふのである。

和文のいのちは、ものがたりを誌す思ひに盡きる。古にあつては神ながら神さびさせる神わざを、たゞ優に美しく描くのが物語であつたが、やがて天皇《スメラミコト》と誌し奉つた御世に於ても、みかどと稱へ奉つた中ごろにも、神ながらにたゞに仕へ奉り、御前に稱辭《タヽヘゴト》申す文學の中に、優にして旺んな言靈をうつし、かゝるみやびを宿す一筋の文章の道は、正しく不變のものであつた。しかるにこの久しい歲月をかけて、わが文章の根幹となつたものも、明治天皇の初年に仕へ奉つた宮廷詩人ののちは、今にしてほゞ失はれたかの感があるのである。

しかもこれら御一新初期の文人たちは、意識して、神に仕へ奉るべし、祭りの文學を描くべしなどと言擧したのではない。天皇の御事を誌し奉るに當り、おのづからに和文のしきたりをふんで、稱辭《タヽヘゴト》を竟《ヲ》へ奉《マツ》る和文章を草したまでであつた。我々が今これらの明治初年の和文の行幸記を尊く思ふのは、このしきたりのおのづからなものの中に、わが道を思ふからである。二十年代以後の日本主義文學の理論的論調とは、こともさまも、さらに後は心さへ、多分に異つたまことに盛代の文章であつた。

　されどその文人たちは、氣概と氣魄に於て、時代の豪傑に伍して劣るところなき人々であつた。御一新の功臣必ずしも維新の忠臣ならずなどと、激しい批評さへしたほどの人々が、主上の御前に仕へ奉る高位顯官の擧動を描く時、それらの人々が御側近にあるといふ事實に於て、神に近い面の性質を抽き出し描き得たのは天晴れな國ぶりの文人であつた。かゝる文と文人の風儀や思ひを、今いづこに見るであらうか。御側近の高官達について、史眼の批評はともかく、その人のもつ現世の權威に、いさゝかも眼を眩まされなかつた文人が、なほ天皇の御傍に仕へ奉る人々のさまを見ては、神に近いものを味つたといふことは、さながら神ながらの嚴しい御稜威の徳用《サキハヒ》を思はせるのである。今日の文學が、この情を失つたといふことは、人のわざに神のものを眺め得ぬといふ意味にも通じ、これが國風の文學が失墜し、近代の人間主義や現實主義の勢を振ふ根因である。

　かゝる觀點で、明治初年の行幸記の文章を、文學の上から申せば、その作者が己れの情を描いた時のめでたさは、皇神《スメカミ》の道義《ミチ》が、御一新の御代に於て、言靈《コトダマ》の風雅《ミヤビ》に現れた所以として尊く、文學の歴史から眺めて、殊に意味深いものであつた。我々は今日の文學に任じて、かやうな事情と歴史を忘れ、みやびをある一時代の文學相の美的概念と考へる類の教養を、一排せねばならぬ。祝詞を古代人の信仰として論じ、これを今の我らの心と生命から隔離してきたやうな近代風の國文學は、平安朝の物語に對しても、たゞその中に近代文學の姿を讀むことのみに懸命だつたのである。しかし祝詞のことばにあつては、眼前に旺んにあらはれて、德用《サキハヒ》を示し給ふ神の、尊く畏き御靈ばかりか、その顯身《ウツシミ》さへ現し參らすかの如く、さらに古事記に於ては、神の物語を描き奉つて、そこに何らの人爲も人智も交へず、世を下つた中頃の物語に於ても、人意《ヒトゴコロ》の言擧《コトアゲ》をふかくつゝしんで、みかどの優雅を描くばかりであつた。言靈の風雅とはかうした文章の、おのづからな姿である。

三

武藏野の地が、明治天皇の御愛顧を蒙つたのは、明治十三年に始まるのである。古來よりの歌枕として名高い、多摩の横山や、向ノ岡のあたりは、都近くにありながら、奇しくも今も都塵を離れて、古さながらの山村の情緒にゆたかな土地である。さてこの十三年の年を機縁として、府中、八王子から、連光寺、多摩川の地は、その後四度の行幸を仰いだのであつた。

　連光寺村を中心とする古の多摩の横山の地帶は、明治天皇の御生涯に於て、たゞ一つの御例外と承る、大《オホ》御遊《ミアソビ》の聖蹟であつた。山川《ヤマカハ》もよりて仕へると歌はれた大御遊のさながらの故事は、近い大御代に於て、萬葉集や王朝の物語に描かれたそのまゝに、この武藏野の山村で行はれたのである。卽ち八王子、連光寺を中心に遊ばされた兎御狩と、多摩川の鮎御漁は、古のまゝの宮廷の御遊の俤が、新しい御代に現れた最後のものの如くにも拜せられる。九重の奥深きあたりに行はせられる數々の御行事は、民草のもれ承るすべこそなけれ、古の物語に誌されたまゝなる天皇のめでたい大御遊の俤は、これを連光寺聖蹟に拜して、草かげの文人は、かゝる文人の如くに、古代の感銘を深くしまゐらすのである。

八王子近在の山々へ御親獵のことを仰出されたのは、明治十四年二月であつた。この以前にも、赤坂假皇居の御苑内では、山から御取寄せになつた兎を放ち、それを藪から狩出し捕へさせる御催を、しば〳〵行はせられた。これは普通の兎狩の如くに、網を張つて捕へるのではなく、素手で生捕らせ、御守衛當番の兵士に奉仕せしめられる。ところが明治十三年暮か十四年の初めごろ、比志島義輝少佐が當直した日であつたが、例によつて侍從職より、その兎狩御催の人數として、御守衛の兵隊を徴せられたのである。しかるにこの時比志島は、御守衛の兵士の任は極めて重大であるから、これを他事に仕へしめることは如何かと存じ奉る由を言上し、御催に必要の兵士は、直ちに近衞局より差出すやう申傳へる旨を奉答したのであつた。しかるにこのゆゑか、その日の御催は中止せられ、その後も御苑内の兎狩をとり止めさせられた。

明治十四年二月の兎御狩の仰出が、このこととかゝはりあるか否かは、我らの推察し得ぬところであるが、右の話は、後年まで比志島が感銘を以て語り傳へたところといふ。さうして山岡鐵太郎も、このことについて、比志島の言葉によつて、以後御苑内の兎狩をとり止めさせ給うたのである、と申した由である。

さて明治十四年二月十八日、聖上には午前八時赤坂假皇居を御馬車にて發御遊ばされ、甲州街道を高井戸、調布、府中、日野と過ぎ給ひて、午後四時二十五分に、八王子の行在所なる谷合彌八宅に著御になつた。谷合宅は先年の御巡幸にも、行在所として仕へ奉つたのである。これが八王子連光寺御親獵の行幸であるが、こゝに赤坂假皇居と申すのは、明治六年五月五日皇居炎上し、其夜赤坂離宮を假皇居と定め、こゝに遷幸遊ばしたからである。なほ往年の行政區劃では高井戸以西は神奈川縣の管轄であつた。

この御親獵の次第について、山口侍從長の日記なる「野鶴亭日乘」を見ると、二月六日の項に荏原郡へ行幸との記事あつて、兎御狩を行はせられ、山口自身も勢子として大いに活動し、夜八時還幸なるとあり、當日の御獲物としては、兎一匹狸一頭と誌してゐる。ついで七日には、明八日より八王子邊へ狩場見分として出張すべき旨仰付かる。乃ち八日堤書記官及び小笠原雜掌長と共に、馬車にて八王子に向ひ、先づ府中に著し、連光寺村に到つて、富澤政恕政賢父子の案内で向ノ岡一帶の兎狩場所を檢分し、その日暮八王子に到著した。翌九日は春暖だつたが、東京より綿入一袍だけ寒しと誌してゐる。この日は宇津貫《ウツヌキ》村、大船村、館村一帶の兎狩地の連山を跋渉し、更に高尾山下の小名路《ヲナヂ》に至り、こゝにて獵師萬五郎といふ者に會ひ、恩方《オンカタ》村から城山邊の情報を教へられた。この城山といふのは、元の八王子城址で、北條氏照の故城である。即ち萬五郎は、昨今城山附近に猪二頭仔六匹を率ゐて徘徊してゐると告げ、山口等はこれを聞いて大いに喜んだ。こゝよりさらに進んで青梅に向はんとし、午後四時に出發すると、行くこと一里で早くも日沒したが、さらに一里にして玉川上水の根元に到つた。既に夜中であつたが、幸ひ月の明るいまゝに、車を下りて分水の堰を見物し、その景観の壮大に驚いた。さらに往くこと二里ばかり、近山の深雪朔風を牽き、寒威は衣袍を徹して、車上身心氷るほどであつた。この夜は青梅に宿す。

十日は案内を僦つてさらに深山に入り、深雪を穿つてゆくこと四里、赤工村に到り土地の人山川達造にあつて、猪狩の景況を聞いたが、當地にては猪兎共に不獵との答へで、これより進んで秩父山地に入り給へば、或ひは多少猪を獲るであらうかとつけ加へた。こゝはよつて失望し、道を轉じて飯能より黑須に出、夜に入つて所澤に著く。けだし三多摩の山間を殆ど跋渉したわけである。

さて十一日早朝所澤を發して、午後二時歸京、直に參朝して檢分地の大略の情報を同僚に話し、翌十二日參朝拜謁の上、三多摩跋渉の結果を言上し、又猪兎狩の見込を奏上したところ、「龍顏殊に麗しく卽時に來る十八日東京御發輦、八王子村邊へ猪狩行幸仰出されたり」とあつて、このあたりめでたい文章と拜した。

かくて山口は德大寺宮內卿にも大略の情勢と見込を傳へる。やがて自身は、御先發として、十六日より出發すべき命を拜した。翌十三日參朝して、八王子行の配置を會議し、午後は吹上で七連銃の試射を行つた。明けて十四日、この日八王子行幸の旨仰出され、その準備のために宮中は大いに混雜した。

十五日には、川村、山田の兩參議も御先發を命ぜられた。この朝八王子より歸來した者の報告に、猪六匹、仔三匹ほどが、恩方村附近を徘徊しをる由傳へられ、一同これを聞いて大いに喜んで止まない。午後吹上御苑で、この日御買上の獵銃を打試したところ、十に九は命中した。山口はそのうちより、よいと思ふ一挺を拜借したのである。かくてその日の夕方再び參朝して、御所に一泊し、翌朝米田侍從長、岡田陸軍中佐、堤大書記官等合せて十八名の一行は、先發隊として出發した。この日は朝來飛雪紛々として、寒氣激しかつたが、府中に著し、連光寺村に向つて、雪山を踏んで兎を狩り、つひに六頭を得た。かくて八王子に到著したのは夜十時であつた。この連光寺の地名の由來については、未だ詳かにしてゐないが、さきに云うた如く、多摩橫山の一帶の村名であつて、京王電車の聖蹟櫻丘驛から十數町の地であり、驛の所在地は關戸である。

十七日、この先發隊一行は、八王子の南なる宇津貫村一帶を巡回し、御狩場を檢分した。この日は二品伏見宮貞愛親王、二品東伏見宮嘉彰親王（後の小松宮彰仁親王）の御二方が到著し給ひ、德大寺宮內卿、川村、山田の各參議、大迫少佐等も馳せ加る。又この日午後山口侍從長は下恩方方面の巡視に赴いた。元の恩方村戶長で、當時八王子に住して大弓を商つてゐた松井萬五郎が、この案內をする。この夕刻、獵師の報告があつて、猪一頭が城山に入つたと告げられた。こゝに於て明朝は四時揃ひと決定し、各部署を定める。恩方村は多摩御陵の北西一帶の山地で、城山は御陵の眞西に當る、八王子城址のある山である。

翌十八日は、早曉より火を焚いて暖をとり、天將に明ける時、兩宮を御始めとして、各隊競つて出で立つた。かくて猪の入つたといふ小佛峠の麓の谷を中心にして、峻險の山を登り、或ひは谷に下り、小佛下の谷を袋狀に圍んで、各自部署を定める。その順は、兩伏見宮、宮内卿と始めて、九つの部署につく。山口侍従長は小下澤《コゲサハ》を攀り踰えて亦下り、こゝの端に部署した。既にして勢子城山に入り、猪起きたりと高聲に報ずる者があつたかと思ふと、忽ち四番部署より銃聲が發した。あはやと思ふ間もなく、猪は重傷を負ひ、山を下つて走ると叫ぶ聲あり、こゝに於て險岨をはせ下り、又かけ上つて、その場に到つて事情を聞くと、宮内卿の陣の眞下一間ばかりのところを、上恩方の方へ走つたといふ。これより一同手負猪を求めて、山を下り、谷を踰え、更に山に上る。雪凍つて路險しく、銃を杖としてゆくに、流汗雨の如く、大いに疲勞困憊した。そのうち小下澤の眼下で銃聲が起つたので、今度こそはと思ふ間もあらず、またもや小佛峠に逃込んだと山下より叫ぶ。こゝに於て、山口侍従長は大いに奮起し、この猪を獲ずんば夜に入るとも歸らずと、衆を勵して小佛峠の高山を取圍んだ。しかるにこの時、手負猪は忽ち小下澤へ駈下り、つひにこゝにて獵師の一發の炮に斃されたのであつた。さてこの猪を山より背負ひ下るのを見ると、深山の凍雪の上にしたゝる血潮が、深紅の赤線を描いて壯絶だつた。この時宮内官たちの一同も、獵師の規則に從つて、獲物を祝ひ、手を拍つて鬨の聲を發す。かくて下恩方村の宿所へ歸つた時は、既に夜の八時になつてゐた。こゝで獵師駒藏が短刀を拔いて猪腹を屠り、膽を取り腸を取る。萬五郎以下の獵師一同と共に、腸を煮て酒を飲み、今日の獵を賀した。

かくてあくる十九日は、明治天皇多摩御狩の第一日である。朝まだき午前六時、天皇は八王子行在所を發御、御乘馬にて八王子の南、宇津貫《ウツヌキ》村の御殿《ゴテン》峠の兎御狩場に向はせ給ふ。

御狩場は雪深き山路だつたが、畏くも御草鞋を召され、峠路のあちこちに御野立遊ばされた。此の日は、今の宇津貫、由井、片倉、小比企《コビキ》あたりの多數村民が奉仕し、獵物も多かつたが、たま〳〵一匹の脱兎が、供奉した山岡宮內大書記官の懷中にとび込んできた。これを山岡がそつと抱きとめて、天覽に供したところ、天皇はその毛なみの殊に美しいのを愛で給ひ、その後久しく宮中で御飼育になつた。この日の御獵は早旦より始り、日暮れて後、八王子行在所へ還幸遊したのである。

一方先發隊の一行は、この日、北白川宮能久親王、山縣參議を迎へ、さらに猪子《コ》まき八疋が出現したとの報告にきほひ立つた。子まきといふのは、仔をひきつれた猪を呼ぶのである。さすがに山縣は、自ら陣頭に立つて、八里の山路をかけ下りかけ上つて獲物を追ひ、つひに猪の足跡を發見して、さらに深山にわけ入り、あげくに一同で猪三頭を射とめた。例の如く手を拍つて鬨の聲を發し、夜は腸を煮て酒を汲むこと、前夜と同じだつた。この日の獲物は翌二十日府中の行在所へ運ばれた。殊勳の獵師總括松井萬五郎が宰領して、馬上にて猪を警衞し、日の丸の旗を掲げて行つた。獲物は天皇の著御のさきに行在所に到著し、直ちにその夜の供御に奉つたのである。天皇は殊の外の御滿悅にて、夜に入つて御酒を賜ひ、こなたより猪狩の狀を奏上せば、御自も亦、兎狩御滿悅を曰はす。かくて一同は引下つた後も、宿所に於て終夜酒を汲んで愉快を極めた。

しかもこの日に第一の大獲物は、北白川宮お射取りの大猪であつた。北白川宮は本日より初めて御狩に加り給うたので、御勝手の程おぼつかなく思召され、山口に對しても、如何なさるべきやなどの御はかりあつたが、山口は、宮の御行動は御隨意に遊ばさるゝやう、と御返答申上げたので、そのまゝ猪御狩に加られたのであつた。しかるにその場に當つて、忽に大獲物を猶豫なく射とめ給うたのは、實に今日の我らも仰ぎ知る、この宮の御風格の、自らの發露と拜せられるのである。笹原から飛び出したその大猪に向つて、萬五郎がすばやく一彈を發つと、彈丸は內股をぬつてかすり傷を負はせた。そのためさしもの大猪も、手負に荒れんとする瞬間、宮はやにはに討ちとめらる。當時御齡三十五にわたらせ給うた宮の御英風はさることながら、この所作をなした萬五郎の獵師の手練と心用意は、また無雙に得がたいものであると、夜の大供御《オホミケ》にその猪御料理を聞召しつゝ、豐御酒《トヨミキ》に大御頰も赤丹穗《アカニノホ》に遊ばす頃、山口等の語るまゝに叡感一入におはしましたが、翌朝行在所御出門に當つて、この手練の獵人萬五郎と、その親族の若い獵師で、これも殊勳のあつた大久保井上寅藏に特に謁を賜つた。いづれもその道に長じた者であつたから、かゝる前代未聞の光榮に浴したのである。その朝御發輦のみぎり、玄關下に三尺ほどの小筵を許され、跪いて拜すると、畏くも御會釋を賜ふ。

この日の御獵のことは、今も恩方地方では「御猪狩」と申し傳へ、當時の宮樣御泊立札、御使用御箸、同御湯茶碗、同栗御杖、御下賜金封包等そのまゝに保存されてゐる。また八王子御親獵の空前の盛事は、その日を眼近に拜した土地の民草の心持のまゝに、當時瓦版の俚謠に歌はれて、「一つとせい節」になつかしい形で傳へられてゐる。

一つとせい、人の侮る宇津貫に、前代未聞の御狩あり。コノホーイホイ

二つとせい、深い笹原ふみわけて、宮内省様お先立。コノホーイホイ
三つとせい、御代《ミヨ》の司《ツカサ》の御方《オンカタ》も、旗立て網番なされます。コノホーイホイ
四つとせい、夜ひる源右衛門〳〵と、諸官に使はれ冥加也。コノホーイホイ
五つとせい、何時か御殿《ゴテン》に御所建てば、宇津貫谷戸《ヤト》〳〵町となる。コノホーイホイ
六つとせい、無理に見たがり叱られて、麓まご〳〵大笑ひ。コノホーイホイ
七つとせい、七國峠で見渡せば、秣場近く立ちならぶ。コノホーイホイ
八つとせい、山々遠く晴れ渡り、きりん鳳凰舞ひ遊ぶ。コノホーイホイ
九つとせい、此處は通さぬならないと、戸長議員が大威張り。コノホーイホイ
十とせい、たうとう御殿で日が暮れて、炬火篝火焚きつゞく。コノホーイホイ

この俚謡は何人の作つたものかはわからないが、往年の御狩をおほらかに、なつかしくうつしてゐる。そのさき十一年の御巡幸に、越後長岡で始めて瓦版で行はれた、「御巡幸アリガタヤ節」といふ俚謡に似かよつてゐるが、歌品は前の作より一段秀れてゐる。明治十四年ごろの東京は、すでに文明開化の流行がさかんであつたが、この俚謡のこゝろもちに、御一新當初の氣風を専らとゞめてゐるのは、ひなびた土地がらのありがたいところであらうか。思へば御狩そのものと、そこに現れた精神が、實に文明開化とは嚴然と異るものであつた。

初めの唄の宇津貫とは、御狩のあつた宇津貫村のことである。次に宮内省様お先立と歌ひ、御代の司の御方も旗立て網番なされますなどとあるところは、古の風俗の如くありが

たい口ぶりである。敬して昵まず、親しんで畏むこの情は、今では古ぶりの如くに、山村漁里に残るものであらう。次の唄の源右衛門といふのは、そのあたりの獵師の頭立つた者だつた由で、源右衛門〳〵と呼ばれて、高い位の人々から愛顧せられてゐたさまを、聞きおぼえてゐた人も、まだ近ごろ迄は居たといふことである。

また五番に何時か御殿に御所建てばと歌つてゐるのは、御殿峠のことをさし、事實再三の御狩のことゆゑ、このあたりに離宮を建ててはとの案も、その筋ではより〳〵考へられた由だが、そのことについてはつひに天皇のお許しなく、四度も變らず御例の如く、府中の元本陣田中宅の僅か八疊の御部屋を、御寢所にあてさせ給うてきた、聖慮のほどは、今日から思へばさらに恐懼の限りであつた。されどこの俚謠に關する限りでは、定かに何といふこともなく、流言を聞いたに止るものだつたのであらう。

今日府中の行在所跡は町有となつて、その拜觀を許されてゐる。元の本陣としての格式のある建物であるが、申すまでもなく帝王の御宿所としての威儀を備へたものでなく、尋常の民家である。されどわが至尊の宮敷《ミヤシ》きませば、いづこにあれ天つ高御座と輝きますといふことは、格式威儀より遙に重大なことであつた。かくて天皇の御一代の御親獵の行在所に、かゝる賤の民屋をあて給ひ、つひに宮居の新造さへ御聽許遊ばされず、大君の御旅寢に、神位を奉じて十二疊敷の御部屋に齋ひ參らせ、御自は關東疊の八疊敷ほどの御隣部屋に御寢になつたと承る御跡は、今拜してもありがたい御有樣である。今の人が平常に云ふ慰安とか休養などといふ議論について、かゝる時に改めて思ふのは畏れ多いことだが、我らの凡情にそれを思ふならば、人に說くまへに各々自身をいましめたいことであつた。第三回の御狩の御時は、夜ふけ行在所に還御遊ばされて、供御を奉つたのは、殆ど深夜であつたが、なほも山岡を御相手に遊ばして御酒を聞食され、しきりに玉盃を重ね給うたが、御輿の赴きましますほどに、坐御角力を遊ばされたのであつた。されば この夜更に御座所よりに起るたゞならぬ物音に、田中の家族の者は大いに恐れ畏んでゐたが、翌朝になり、御角力の御由を拜聞して、感銘の愉快を味つたと、田中の老媼の實話に傳へられてゐる。

なほ六番や七番の唄には、當日の警戒ぶりが味へるが、これも一讀わかるやうに、たゞ何とはなく和かな歌ひぶりである。このやうにして、その日の御盛事から、供奉奉仕の人々のさまや、土民の噂話や印象に到るまで、ことをあまさず細密に、しかも生彩をもつて描き出して、今もみる如くに彷彿と現した手ぎはは、更なることとして、形の鄙ぶりによらず、心もちになつかしい國風の溢れてゐるのもうれしい。さすがに大御代の風俗《クニブリ》といふ感に深いものがあり、今の世からみれば、珍重すべき歌ひぶり、言葉ぶりであると、感に耐へないものさへ味つたのである。

四

翌二月二十日、この日夜來白皚々と雪積り、なほも吹雪する中を、天皇には午前七時八王子行在所御發輦、東伏見宮、北白川宮、さらに供奉の者許多にて、午前九時四十五分日野驛に著御、佐藤俊宣宅に御小休になつた。この時叡慮にて、土地にて釀した御酒を御下命遊ばされたので、直ちに府中の酒肆和泉屋より、府中行在所の方へ納入し奉つた。此の御狩行幸を通じて、天皇の大御食饌《オホミケ》に奉るものは、みな大膳職より持ちこられたものであつて、土産としては、多摩川の鮎と三多摩の山の猪の他は、供御に奉らなかつたといはれてゐるが、如何したわけであつたか、第一日の御獵の後、火急に御中途より、土産の酒を御下命になつた。御鮎漁に人夫頭として仕へた、府中の人大熊幸次郎の思ひ出の謹話にも、御漁の御時は人夫に到るまでしきりに御酒を賜はり、しかも尋常口にせぬ美酒のため、再三配下が大へんなしくじりをし、自身は生命の縮る思ひをしたが、當時の宮内官たちは、威嚴のきびしい一面きはめて磊落で、事もなく處理していたゞいたものであつたと申してゐる。御一新の氣風を殘した、當時の豪放な宮内官たちの風貌は、幸次郎の思ひ出話の中にも躍動してゐて、今日の言葉の尊大や寛容といつた語感では、既に現し得なくなつたものが、往年の官吏の氣質の中には少くなかつた。

それはともかくとして、この時の地酒御下命は、恐らくは土俗に對する大御心の御現れと拜され、果して天皇の御食饌に上つたか否かは、往時の御側近に質す以外にすべはない。和泉屋の當主なる宇津木雅一郎の談では、自家の扱つた清酒は、すべて東京の問屋より取寄せた灘の銘酒にて、地酒としては濁酒のみであつたが、往年は或は北多摩の清酒をも仕入れたものであらうか、されど子細は語り傳へもなくて、すべて不明であると申してゐる。

かくて日野に御小休の後、御馬車を下りさせ給ひ、御愛馬金華山號に召されて、野中の路を連光寺村に向はせらる。この道程二里餘、連光寺村富澤政恕宅に御馬を駐めさせ給うた。この富澤は戰國時代より續いたこの地方の舊家であつて、往昔その祖は今川に屬してゐたが、天正のころ主家沒落してより、已はこゝに歸農し、爾來連綿と祖先の祭祀を絶やさなかつた。

　この富澤政恕の言動や性行を、當時の記録談話によつて回顧すれば、なか〳〵の人物であつた。時の高官賢相に對比しても、遜色ないほどに人がらに重さを現してゐるのである。しかも當時の御巡幸記を拜讀すれば、國の未開の邊土隈なく、いたるところにこのやうな、天來の位に生きてゐるやうな、村の長《ヲサ》のゐた事實が誌されてゐるのである。

　彼らのもつてゐた土俗者の重量感は、天下國家の現勢處理を念々に思ふ人物のもつ重さ以上のものであつた。或ひは一國一城の主たる人物のもつところとも、種の異るものである。されば御巡幸記を拜讀しつゝ、皇御孫尊《スメミマミコト》を迎へ奉つた國《クニ》つ神のことを、私は思ひ起したのであつた。神代上代にかけて、皇御孫尊の巡幸の大御前に罷出た國つ神といふ神々は、亂世の覇者に見參した各地の豪族城主といつた人物と異り、その考へ方やふるまひが、まことに神だつた。けだしこれこそ、神の道に於て君臣一如たる國がらを教へる事實である。私は明治初年の御巡幸記に、しきりに國つ神が現れて、神代の幽契を今こゝに果すかの如くに、天皇を迎へ奉つたさまを實感したのであつた。國つ神を人に於て考へるなら、それらの人々は、已の生命の第一義に於て、天下の政權の重さを測つてゐる人ではないのである。たゞ皇御孫尊の尊さのみを思ひ、しかも第一義の役割は幽契成就にあつたから、靫負《ユギオ》うて御前に侍る大將に比べてさへ、不拔の位の重さをもつと感じられた。しかし彼らは、あきつかみわがすめらみことを迎へ奉つた時に、初めて國つ神と見えたのである。政權や才腕と云つた偶然の上で、これらの人々が大臣大將に匹敵すると申すのではなく、さういふ現世のことには眼もくれずに、たゞわが道に正しく向ひ、仕へ奉つてゐるところで、無限無量の重さに任ずる。その時、大名にも大臣大將にもうち勝り、恐らく神代上古の國つ神とは、かゝる人の神なるものだつたのであらう。我々はわが國の道と歴史に於て、英雄豪傑と異つた國つ神を、人の中にみいだすのである。そしてその心は今もあるべきものであつた。

　しかもこのやうな重い人物が、邊土山間に許多ゐたといふことは、封建の餘風に非ずして、草莽の天職相續の事實である。けだし往時のわが國の山村農里の間には、自らのありのまゝに、天下國家の重さを支へるといふことの、さらに根柢を支へてゐるやうな、人をぬき出た人が、さまざまに品は變つても、必ず一村に一人はゐたのであつた。今日このことを思うて、自分にはうたゝ今昔の感に堪へぬものさへある。しかし御巡幸記に現れる村の長者《ヲサ》が、職官の重さを身に帶びた人物の以上に見えるのは、彼らが天皇の御側近く罷出で、巡幸を迎へ奉つた事實に原因があり、その情況の中に現れてゐるからであらう。しかしさらに思ひかへすなら、封建の遺風であれ何であれ、少くとも我らの祖父の代までの日本の田舍には、おのづからに大きい人物が、いたるところにゐたのであつた。大御代初めの大變動を支へたものとして、これらの村の長者人のことを思へば、今も新しく感迫るものがあつた。さうして彼らが御巡幸を奉迎した瞬間に、天下の重きを支へる大なる臣とも異なる形の、大なるものに輝いて見えたことも、これを思へば、まことに正しい當然のことであつた。平素は無口であつても、彼らは重大な日には、啓示をうけたやうに立ち、しかも大地を踏み堅めるのである。我國ではさういふ人々を重い存在としてきたのであつた。

富澤政恕にしても、さうした草莽の民の一人であつた。その志憂國にあつたことは以前より知られ、郷土の教化を見ても尋常の人でなかつたことは明らかである。その人が大御代の御親獵に仕へ奉つたことは、如何ばかりの歡喜であつただらうか。そしてこのやうな、人の力以上の歡喜がなければ、四度の連光寺行幸におちどなく仕へ奉り得なかつたであらう。この時の御小休所となつた建物は勿論現存し、聖蹟として指定せられてゐる。今の京王線關戸の驛より、連光寺の山に向つて歩み、行幸橋を渡つて、だら〱坂を上ると、左手にある門構の建物がそれである。

富澤宅にて御休憩、御晝の供御を聞召された後、政恕の男政賢の御案内にて、向ノ岡櫻林まで御乘馬で進ませられ、それより御徒歩にて第一御狩場に向はせらる。向ノ岡はさきにも申した如く、古の歌枕の地にて、小町の歌の古碑が今もあり、「むさしの向の岡の草なれば根をたづねてもあはれとぞおもふ」といふ一首、優艷な歌が彫られてゐる。多摩の横山の防人の妻の歌は、その可憐さに於て、千古に人を悲しませる名歌であるが、この小町の濃艷と合せて、いづれも天皇の御感に愛でましたことであらうと、ひそかに推察し奉つたことであつた。向ノ岡は東武の平原を一望に見はるかし、間近を多摩の清流が東に流れ、眼下は分倍河原の古戰場址である。

さてこゝには今も御駒櫻の御遺址があり、田中光顯が淺草橋場より移した三條實美の對鷗莊がある。この對鷗莊には明治六年十二月十九日聖上臨幸あつて、親しく病床の三條を御慰問遊ばされた聖蹟であるが、昭和三年にこゝに移され、同時に田中等の發起によつて、連光寺聖蹟の中心をなす高地に、多摩聖蹟記念館が建てられた。この館內には、金華山號を御し給ふ明治天皇の、金色の御尊像を奉安し、又皇室より諸臣への御下賜品や、御狩關係の御遺品、さらに維新志士の遺墨遺物の多數を陳列してゐる。御尊像は寶算三十にわたらせ給ふ大御姿を象り奉り、けだし連光寺行幸當時の御英姿にあらせらる。

さても第一御狩場に於ては、朝來より連光寺村民百餘名を始めとし、關戸、貝取《カヒトリ》、一宮、程久保《ホドクボ》の各村より奉仕する五十餘の狩子、すでに勢揃ひし、網掛七名は白襷を目印とし、狩子頭十一名は赤布の小旗を振つて狩子を差圖す、網の左右には目標のため紅白の旗を立て、その中央に玉床を据ゑ參らせた。

富澤政恕の誌した「向岡行幸記」をみると、二月八日山口侍從長一行の下検分のことより誌し始めて、二月十四日の記事に、この日午後一時府中驛戸長役場より脚夫あり、十六日には宮內官が敕命を奉じて、當村にて兎御狩せらるゝ由を申越さる。ついては狩子十五名雇上げ、その他萬般の周旋をなすやうとの用件にて、よつて直ちに政賢を府中に遣し諸事を照會せしめたとある。かくて十五日には一家に於て向ノ岡の四阿《アツマヤ》を修繕し、宮內官一行を待つ。この向ノ岡舊蹟は、かつて政恕がその顯彰を計り、萬延の歳こゝに櫻樹を植ゑたこともあつた。明けて十六日午前九時、山口侍從長一行十八名は連光寺村に到著した。

これ卽ち先發隊の一行であつて、十時向ノ岡より狩り始めて、先づ兎二頭を獲、つゞいて山深く分け入つて狩り進み、午後四時三十分狩止め、富澤宅に引揚げた。此時宮內省より屬官一名到着し、「本日の獲物を直ちに持參、天覽に供候樣致すべき旨敕命につき急行派出候」と傳ふ。由つて當日の獲物兎六頭のうち、傷いた一頭を除いて、五頭を塒匣《ネグラバコ》に入れ、馬車にて使者と共に都に送らる。越えて十九日午前四時、八王子行在所より書狀あり、兎御狩行幸の御思召を傳へ、狩場を檢分警備し、なほ見込を午後二時迄に返答せよと申し傳へられた。こゝに於て政恕は男政賢等を八王子に遣し、戶長以下村民を配置して、警備準備の手くばりを終へると、狩場を檢し、通御の御道筋を修した。

　その日の深夜、日付で云へば二十日の午前二時、八王子行在所に出向いた政賢等が歸宅し、本日、當村に行幸なり、政恕宅を行在所とせられる旨の命を傳へた。但し卒急のことにつき、別に造作を要せず、そのまゝにて苦しからぬ由を特に諭された。やがて縣官及郡吏等來着す。されど多少以前より御內意のあつたことであるから、あながち急の決定といふわけではなかつた。富澤方では、曉天と共に、雪を冒して綠竹一雙、榊二本をきり出し、これを門前に建てて注連繩を張り、門には小國旗を斜形に結び、紫縮緬に十六葉の菊花を染めた幕を張る。また中庭に大國旗を建てて、臨幸を待つた。

　午前十時になつて、夜來の雪は霽れた。この時山岡大書記官一行が御先立として到著し、部屋割を定め、玉座を設ける。卽ち奥間を玉座と定め、御椅子及御榻を備へ、その上を錦紗で掩ひ、牀には花紋の氈が布かる。次の間には羅氈を布き、椅子二脚及び榻を備へ、兩宮方の御座を設けた。新座敷は敕任官の座とし、以下奏任官、判任官、縣吏、郡吏と、各詰所を定め、庭前に御料馬の廏舎を建てる。分家の奥右衛門宅を諸員の詰所に、高西寺本堂を騎兵の屯所にあてた。又鈴木實造方を神奈川縣警部及び巡査屯所とす。

　天皇が日野驛にて御小休遊ばされてゐる間に、あたかもこの時雪晴れて、忽ち照り出した太陽が、地上の雪に映え美観を極めた。卽ちこゝより御乗馬にて發御になる。神奈川縣川井一等警部騎馬にて御先導を承り、これに騎兵士官三名が續き、天皇の御後より、東伏見宮、北白川宮の御順にて、以下に供奉の諸官が從ふ。かくて正午富澤宅御小休所に著御になり、午後一時向ノ岡へ御騎馬にて出御、こゝにて櫻樹に御馬を繋がせられ、これより御徒歩にて、第一狩場なる向ノ岡下屋敷《シモヤシキ》の畠中に玉床を据ゑさせられた。折敷式の御椅子にて、また玉床には御旗をたてさせらる。

　こゝに於て第一の螺聲を合圖に、狩子は各々部署につき、第二の貝鳴つて、狩子鬨の聲をあげ、ついで狩立てに移つた。しかるにこの時忽ち一頭の兎とび出し、御前近くの網に入つた。米田侍従長卽座にこれを捕へ、天覽に供へる。天機殊に麗しく玉床を離れて御覽になつたが、御滿悦の御微笑さへ拜せられたので、御案内の政賢を始め、遙に拜した狩子の村民一同は安堵の思ひをなしたのである。

　それより赤坂《アカサカ》を登らせられ、榎田山《エノキダヤマ》の松林に玉床を据ゑ給うた。こゝにてもまた一頭を獲ふ。これより山《ヤマ》ノ越《コシ》の山林を狩らせられ、又一頭を捕獲せらる。更に天井返《テンジヤウガヘリ》に到つて、暫時御休憩の後、なほも狩り進められ、兎二頭を獲る。此日の御獵は特に叡慮にかなつたので、御小憩の後、さらに今一ヶ所の狩場の選定を俄に命じ給うた。それゆゑ急の狩場で一時に二頭を得た時は、米田侍従長思はず萬歳を唱へ、一同もこれに和し、天皇また殊の他の御滿悦にて、御笑聲をもらし給ふのを拜した。この時既に四時を過ぎ、御狩止めの命があつた。乃ち御乘馬にて御小休所に還御、供奉の者らにも御酒饌を賜ひ、やがて連光寺を發御になつたのは、既に六時五十分、昨日八王子御狩の時も、夜に入つて、還幸遊ばされたのである。この時近在の村民に觸れて、炬火をかざして、道路を照し奉送申上る。かくて關戸より中河原を渡り給うて、府中行在所著御は午後八時であつた。

今日とは異る當時の連光寺關戸あたりの寒村の中を、龍顏豐明《トヨアカ》りましましつゝ、深夜《ヨ》くだりかけて御駒を御さるゝ、天皇の大御盛りの御頃の御英姿は、いかばかりであつただらうか。今も聖蹟記念館には、その日の御騎馬姿を象つて奉安するが、それを拜して思ふことは、近隣の村民が手に手に松火を捧げて、をろがみ奉る道を、御馬上高々と、進ませ給ふ御英姿の尊さにして、さながら神の如くに思はれる。繪にも筆にも誌し難い、ものがたりの中の神ながらと申すべき限りに拜したことであつた。

この夜中河原村の一老媼は、戸長よりの通告のあつた時、あいにく若い者が不在のために、松火を作り得なかつたので、篝に火を點して道路に捧げてゐたが、誰知る者のなかつたこのさまが、畏くも天皇の御眼にとまつたのであつた。さて老媼はこの思ひつきが、不敬にわたらなかつたかを、心中ひそかに懼れてゐたのであつたが、天皇は府中著御の後、侍從を召されて、この老媼の所作について仰せ言あり、家具を焚いて迎へる媼の志はまことに奇特であると、御嘉賞の叡旨であつた。老媼はやがて御呼出にあづかり、御賞與を拜したが、今もその感激の思ひやられることである。

五

この明治十四年二月二十日、最初の連光寺行幸兎御狩の御時に、天皇の山野御跋渉の御案内に仕へ奉つたのは、政恕の男政賢であるが、政賢は當時二十餘の青年であつた。御案内についでは、聖上の御前を、約八間の間を保つて御前行申上げよとの命をうけた。この政賢の謹話も傳つてゐる。天皇が富澤宅の御座所に入御遊ばした時、柱天井や欄間の黒くすゝけてゐるのを、しきりに御覽遊してゐたが、「此の家の建築は何時頃か」と御下問になつた。この富澤の住宅は慶長年間の創建のまゝを保存してゐるので、その旨を言上した。また天皇が玄關から御座所へ通御遊ばされる時、少しく御頭を御屈め遊ばしたやに拜して、一家の者はみな感涙にむせんだ。この日、政賢の拜した天皇の御裝束は、黑羅紗の御上衣に、黑羅紗の幅廣筋の入つた御洋袴を遊ばされ、これは陸軍式御服であるが、その上から黑羅紗の御外套を召された。又鷹匠足袋に白木綿の紐のついた御草鞋を召されて、金華山號に乘御遊ばされたと申してゐる。

さて富澤宅を出御になつて、村祠春日神社の社頭御通過の時は、御會釋を賜ひ、かくて向ノ岡に著御になる。この日雪霽れた後は、天氣清朗にて、向ノ岡の眺望は、遙かに富嶽を西南にし、遠く秩父から赤城、日光の山々もあざやかにのぞまれ、關東の平野は眞下にひらけ、その中をぬつて多摩の清流がゆく。侍從の言上する分倍河原古戰場の史蹟についても、深く御感に叶つた如く拜せられ、またこの地の展望を賞せられた由、畏き極みであつた。

こゝより政賢が御案内に仕へ奉るのであつたが、御駒櫻から數間御歩行遊ばした時、天皇はふと玉歩をとゞめ給うた。政賢も立止つて御樣子を拜すると、御自路傍の雜木を伐りとらしめ給ひ、急作りの御杖に遊ばした。それはかなり太い御杖であつた。

この御杖のことについて謹述しておきたいことがあつたのである。これについて政賢の謹話と並んで山岡鐵太郎の文章も傳つてゐる。さうしてこの御杖のことを記した兒玉四郎の「明治天皇の御杖」といふ書物のことを申したいと思ふ。この兒玉四郎とは如何なる人かは知らないが、天皇の御杖のことを謹述し、連光寺聖蹟を顯揚しようとの志にあふれためでたい書物であつた。しかもこの御杖の物語によつて、連光寺聖蹟を御聖德の象徴として、顯彰しようとしてゐるその志と心もちは、我らにあまねく通ずるものであり、この聖蹟に於て味はれる、さながらの神わざを、謹み誌したいといふことも、我が文人の心持におのづから生れるものであつた。私の文章のよりどころは、その殆どが兒玉の蒐集して著述せるところに負ふものであつて、そのことに感謝し、合せてその志を、こゝにあまねくしたいと思ふ。

しかしその御杖のいはれと歴史を申すまへに、最初の連光寺行幸に仕へ奉つた村人の國風の若干をしるし、自分の文章の一くぎりと、ならばなしたいと思ふのである。大御世の御盛事を拝した村民草莽の情は、その人々の和歌に最も深くあらはれたのである。假令ひ歌の技巧には、或ひは未しいところがあるとしても、大御所作のうけとり方や思ひに於ては、何のたくらみもなく、魂の生々發展のすがたに卽してゐたことが、こゝに十分に知られたのである。草莽の歌心に仰《アフ》ぎまつつた天皇は、その神ながらありのまゝに、國民の情にうつり、人智の徳目によつていさゝかも言換へられてゐないところに、深くして尊いわが歌の心もちの、あり方とありがたさを悟るのである。まづ富澤政恕の長歌を誌さう。

よき月の、よき日なるなむ、明らけく、治まる年も、十餘り、四とせの春は、きさらぎの、はつかの雪の、朝まだき、桑の都の、歸るさに、日野の驛路、過ぎまして、進む御駒も、あしひきの、山路にのぼる、天津日の、御影まばゆく、照り添る、錦の御旗、たつ春の、風にそよめき、打なびく、向日の岡の、民草に、惠の露を、かけまくも、かしこみ仰ぐ、大君の、御心高き、岡の上の、松の木蔭に、休らはせ、多摩の名におふ、玉兎、御狩ます此、岡つゞき、霞の罔《アミ》の、かゝる世に、生れ逢うたる、嬉しさを、老の繰言、くりかへし、くりかへしつゝ、ことほぎまつる。

反歌

すめらぎの憩ひますますは松蔭の宿も霞の玉敷の庭

いく春を向の岡に老茂りけふの御幸を松やわれなる

これをよみ下してくると、巧拙を越えた歌の心が、よむ者をも涙ぐましくするのを知るのである。けふの御幸《ミユキ》を松やわれなるといつた、色あせて古めかしい修辭が、それが生れた日の如くに、一段と生彩を放つて、その萬感をよむ人にも通はせるところは、老い人の至情が、傳つてきた古めかしい修辭と一つにつながつてゐて、しかもその一つの情は、千萬年に變りないものだからであらう。陳腐と評されるかういふ傳統と、さうした傳統に何の顧みもなく身をよせて安ずるものに、我らは尊い草莽の情のうつゝの現れを味ふのである。

この政怨の歌につゞいて、家族や一族の者、村民の多數も欣びの情を歌ひあげてゐる。いづれもその作をみるまへに、その心の情に、我らも一つとなつてよろこびたいと思ふ。

すめらぎの御狩の旗手打仰ぎかしこみなびく里の民草　富澤政賢
きえ殘る木蔭の雪の白兎君の御狩を待ちわびるらん　富澤かめ子
御狩野にのこる雪間の白兎赤き心を君に捧げよ　富澤高子
大君の御狩ます野の草がくれかしこみ伏せる玉兎かな　富澤政成
御狩野にかしこむ兎けふよりは君のみ園に千代も經ぬらん　小金豊長
岡つゞきあみをはる野の玉兎かゝる御狩に逢ふぞかしこき　富澤祐之
君のめす駒のあしなみゆゝしくも御狩ますなり片岡の里　和田伊雄
御狩ます岡邊も春は紫の雲井の色にかすむけふかな　佐伯茂音
民すらもけふの御狩に大君の御代長かれと祝ひてしかな　平井道博

今の歌よみ仲間の觀念からは、あきたらぬとすることであらう。しかし私は山村の民のこの心のみやびを喜ぶのである。兎御狩の下検分の時には、あゝも語りかうも申したが、果して叡慮にかなふだらうか、といふ不安は、政賢の謹話の中にもまざ〳〵とあらはれてゐて、最初の獲物があつて、天皇の御歡びを拜した時の心持を、政賢が語つてゐるところは、まことにさもあらうとよむ者の心をうつのであつた。これらの歌が、御狩の日のために、御狩野に兎をとゞめ參らせて、天皇の大御心に仕へ奉れとさとす如くに歌ひ、はては、大君の御名によつて、歌の靈異の力を以て、御狩野に兎をとゞめようと、呪《いは》ひつゞけてゐるのは、かの村民の至誠純朴の心もちが、おのづから言靈の道に通うたものとも申すべきであらうか。

六

還幸は二月二十一日の日で、されば十八日に行幸あつてより、かけて四日にわたらせられた。この日供奉の御始末を畢へた山口侍従長は、正午過ぎ御所を退り出る時、猪の頭一箇並に猪膽同く一箇を賜はつた。この月の初めより、御狩場の検分として山野を巡回し、殊にこゝ數日來は、殆ど不眠不休、衆を鼓舞して山野を馳け廻つたことだから、歸宅すると前後不覺の疲勞に陷つた。よつて御下賜の猪を煮て夕食をとり、そのまゝ眠りにつかうとすると、この時急報あつて御所御近火の由を傳へてきたのであつた。そこでまた直ちに衣服を改め、馳つて參朝すれば、北風甚しく、よりて劍璽その他御大切の御品々を先づ安らかに移置き奉り、いよ〳〵御所接近の節は、青山へ御立退の思召であらせられたところ、やがて風勢西に變じた。こゝに於て一同初めて心を安め、それより御取片付けにかゝつたが、それを終つて退り下つた時は、すでに夜二時であつた。家に歸つて粥を煮て暖をとり、やうやく床に就かうとすると、早くも午前四時になつてゐた。

「野鶴亭日乘」の明治十四年二月の項を見ると、山口は、二月六日荏原郡の兎御狩に陪乘してより、七日には八王子邊狩場の檢分を拜命し、八日より現地に出張、かくて十二日歸京して復奏申上るまでに、殆ど三多摩山地の半ばを巡視したのである。ついで十三日より十五日にかけては、八王子附近御狩行幸の準備に忙殺され、さらに十六日には先發隊として出張、それより還幸までは、つねに衆に先立つて活躍したのであつた。檢分の責任もあつて、ひそかに心勞したところも多かつただらうが、さるほどに獲物も多く、叡慮殊に御滿悅に拜されたことは、この度の御狩の終始に仕へ奉つた人の誠心の、ほと〳〵かなへられたものと申すべきである。

天皇は殊の他に御滿足の思召が深かつたので、その日の御遊に與らなかつた者等にも、更にその樂しみを頒ち賜はんとの叡慮にて、この月二十六日に、改めて侍從數名の者は、八王子邊兎狩出張を仰付蒙り、一行の出發は明二十七日と決つたが、これを拜聞した山口は直ちに拜謁して、過日來の御狩によつて、麥畑等を踏み荒された農家が、まだ鍬入も終つてゐない間に、再び兎狩に遣し給へば、農夫の困苦するところも甚大と、存ずるまゝを申上げ、なほこの月は、月初めより兎御狩も度重なることゆゑ、來る三月十日頃まで一先づ御見合延期遊ばされ、その後に差遣し給ふやう懇願し奉るとの旨を言上したところ、天皇はすみやかに聞食され、言上の如く取計らへとの御沙汰を蒙つた。こゝに山口は大いに面目をほどこし、深い感激を味つて御前を引下つたが、午後二時に退出して歸宅する途中で、侍講の元田永孚を訪ひ、この日の始終を語つてゐるのは、なほかつ我が行ひの正義と、仕へ奉る心情について、鴻儒の言によつてたしかめたく思つた、安からぬ心持が殘つたからと思はれる。その平素始終を申すまでもなく、こゝに見られたこの日の山口の所爲は、畏み謹んで君に仕へ奉る、往年侍臣の心術と、わが國風のなつかしさを、自ら現したものであつた。

　ところがその時、元田は「論語」の講義中で、たま〱樂而不㆑淫、哀而不㆑傷の章を説いてゐたが、これを聞きつゝ、山口には頻りに心うたれるものがあつて、頗るまた省みる所があつたと、記してゐる。たま〱この章の講説を聞いたことが、己れの今朝來のことに對して、大いに安んぜしめるところがあつたのであらうが、既に理としては百も知るところに、しかも安からぬ思ひの殘る誠心がありがたいのである。さればことの理解を立てて頗る安んじることとは、かりそめに云うても、さほど尊ばるべきところでなく、この點を思ひ念じつゝ、この日山口が頗る省みるところがあつたと誌した心もちを、深く讀み解すれば、道の心と思ひについて、徐ろに悟り得るであらう。

　かゝることがあつて、二月の月は終り、三月に入つたが、侍從を多摩横山の邊に御差遣遊ばす思召は、つひに御果し遊ばされなかつた。かくて三月も終つて、兎狩の時をやり過し、二月をへた六月二日に、連光寺横山の山下を流れるあたりの多摩の清流に、許多の御船を並べ、鮎御漁に出御遊ばしたのであつた。

そも〳〵多摩川の鮎は、いつ頃より天皇の大御食《オホミケ》に上り、御感にあづかつたかは知る由がなかつたが、過ぎし御巡幸の御時、府中の民が、叡慮に御珍しく思召し給ふらんとて、進上《タテマツ》つたものは、他ならぬ多摩川の鮎であつた。その時は徑二尺程の盤臺形の桶を、十分にあく抜をし、これに大きい鮎を放つて、天覽に供へ奉つた。恐らくは土民の間に於ても、雲上の御嗜好について、すでにもれ承るところあつての所作と察するが、これが殊に御感にかなひ、そのまゝを御所へ參らせよとの大命のあつたのは、都にいます英照皇太后に御贈り遊ばす、大御心の御發露と拜されたことであつた。

明治十四年五月二十二日、よく晴れた日曜日の朝まだき午前五時二十分に、宮內省の屬官が先著として連光寺村の富澤家を叩き、本日多摩川にて鮎試漁として、富小路、太田、荻の三侍從を始めとする十名近い一行の到著ある旨を傳へた。より〳〵傳へられたところであつたから、萬端の支度にもぬかりなく、政恕政賢の父子がやがて到著した侍從たちの一行を案內して、河原に出たのは十一時過だつた。戶長附添にて、大船一艘、漁舟二艘、潑《ハネ》網一組、鵜二羽、漁夫船夫及び有志者八名にて、漁にかゝつた。かくて生鮎五十尾、籠立十五枚を獲て、これを東京へ遞送獻上する。なほ當日の場所用としたものは、五十枚程であつた。かくて夕方、富小路、太田兩侍從は歸京したが、荻侍從以下數名は富澤宅に一泊して夜漁を試み、政賢は漁夫四名を率ゐて、夜網にて鮎三籠を收めた。

翌二十三日は、夜來の雨が十時過に霽れ上つたので、再び多摩川に漁した。ほゞ前日とかはりない組割で、この日獲た生鮎百五十尾籠立五十枚を東京へ遞送獻上した。また場所用は三十枚ほどであつた。この夕方宮内官の一行は、諸費用を下げ渡して、歸京したのである。

富澤政恕が、鮎御漁行幸の御旨を拜したのは、五月二十七日であつた。この日正午、縣吏先著し、ついで宮内大書記官香川敬三の一行十二名が到著して、來る六月二日、主上行幸被爲在玉川鮎御獵被遊につき、實地檢分のために出張せる旨の敕命を傳へた。やがて大書記官一行は現地を檢分し、連光寺村多摩川向ノ岡下通りなる關戸村境に、御假小屋場を見定めて、夕刻府中に引揚ぐる。

かくて政恕の宰領にて、二十八日より御假小屋取建と御道筋修繕に著手し、二十九日は御小屋を建始めて、多摩川假橋架にかゝつた。三十日には多摩川南北漁業關係各村の重立つ者らが、府中松本屋に集まり、御漁手筈の萬端を打合せた。さるほどに三十一日には、御小屋を始め道筋修繕の工事等一切を終了する。六月一日には、御先發として香川大書記官が、さきの三侍從以下數名を伴つて到著した。よつて、この度の御漁の關係者一同は、漁夫舟頭世話掛まで揃へて、この一行を日野に迎へ、こゝより多摩川筋を下つて漁場に赴いた。漁場にては、漁舟二艘、潑網三組をとゝのへ、四ツ谷村より鵜二羽、新井村より鵜二羽を雇上げ、一同は四ツ谷村の前から乘船した。この日の漁獲は、籠立鮎十枚にて、直ちに東京へ遞送獻上す。また場所用のものは、すべて鮎五十枚ほどであつた。なほこの日までに、御小屋七ケ所、それに御便所なども落成し、道路修繕も總て出來上つて、大書記官の檢分もとゞこほりなく了つたのである。かくて翌日の行幸を待ち奉る手筈準備は悉く就つて、たゞ明日の日和を祈るのみであつた。

七

今から數へて六十年以上の既往のことであるから、今の世に見るところでは、思ひもよらないことがあつただらう。府中、八王子から多摩川沿にかけての往年の風光や、そのひなの手ぶりについては、こゝにひいて語るほどの文書はないが、明治十二年田中光顯に從つて、この地に遊んだ結城鳳生の「珠郡探勝紀遊」の中に、秋日の行旅終つて、暮頃關戸渡を渡り分倍河原を過ぎつゝ、こゝは皆往古の戰場也と歎じて、山光水色荒涼として人を聳動せしむるに足る、と云うてゐるのは、前後の風景の描寫とひき合せて、やゝにして往年の荒涼たる山村の情を思はせるもののやうに見えた。

今でさへ、連光寺村に一歩入つて、その秋の夕暮の炊煙が、横びく霧に交り、風なきまゝにしづまりゆく風情に接するなら、都近きわたりに、かゝる蒼古閑樸の景勝があつたかと、我眼を疑ふばかりの靜寂の美觀である。今の世の文人畫工の何人が、よくこの情の動くまゝを、眼のあたりに再現するものであらうかと、自分はその景色の移りゆく中で、暮ゆく時をもうち忘れて、思ひつゞけたことであつた。雅心ある者は必ず一度は訪れるべく、其の山相水姿にふれて、往時の神ながらの大御遊を思ひ起し、わが自らの心の思ひに國がらをともしみ、その山水薄暮の情に、日本の村のなつかしさを思ひ知るべきである。

形容に申さば幽邃閑寂とも云ふべきか、かゝる蒼古の景色を描いて、漢詩まなびの抽象の美句麗辭が、多少眞に迫ると思はれるのは、かた〴〵いはれあることであつた。浮世離れたといつた言葉にふさはしいやうな境涯を云ふには、漢詩に於ては、長い時代を經てきた傳統の風格があるが、この山村の暮色を形容して、人言山中に有らずなどと申しても、さういふ聞慣れた辭句を、眼のあたりのことばとしてうける際に、すでに我らはわが村々のなつかしい土俗と、生活と祭禮と藝能を、はるかにしみ〴〵した心の奥底にたゝへて、人言なき山中の村を、なつかしい國ぶりの歌ごころより象つてゐたのである。さういふ風景の靈が、一瞬生きたいのちと動き出すきはに面して、そこに人といふ思想を味ふのではなく、觀念の神を見るのでもなく、國ぶりの人ごころの思ひとして、我らの味ふ生々のいのちのそのなつかしさは、けだしわが血につながる神代《カムナガラ》のものであつた。されば今日訪れてさへ、都近い所とは思はれぬこの地が、六十餘年の古には如何ばかりだつたか。都に近い土地なれば、都近くばと歌つた、古人の歎きをこめて讃へる必要もない。都近くに殘つたこの田舍ぶりには、何人の如何なる思ひの傳るものであらうか。

謹んで顧みるに、明治天皇の四度の御親獵に當つては、すべて早朝日出より始め給ひ、薄暮の山村に御狩場の夕景を御覽あつて、かつは夜道に御駒を御し給ひつゝ、深夜に近く行在所に還幸遊ばされてゐるのである。御集の中に拜する武藏野の御製の數々の、美しいのは、これを思ひ奉れば、そのよるところの御いはれあることであつた。わが歴史あつて以來の歌の道に於て、わけて尊き歌の聖にましました天皇の、然《シ》かましました御由來も、畏きことながら、これの御一事を以ても、そのことわりを思ひ知るのである。

されば過ぎし六十年の往時、薄暮に御狩場を下りまして、夜更こゝの山村を發御遊ばした天皇は、このあたり山里の民の夕べの炊ぎの煙をも、みそなはし給うたことであらうと、畏みつゝも思ふ次第である。かゝる山陰に、夕の煙を焚くかゝる日の國民《オホミタカラ》が、はたまたかゝる煙のかそけさが、今日の大御軍《オホミイクサ》のいのちに通ひ、いのちをつなぐものであると、わが感傷の切なるもののあつたことは、思へば聖蹟を訪ふ志の冥加だつたのであらう。

明治天皇が、この水美しい山村に、再び御足跡をしるし給うたのは、卽ち明治十四年六月二日であつた。この第二回目連光寺行幸は、鮎御漁天覽の思召にて、その萬般の準備のさまについては、すでに申述《メ》べたところである。

天皇が、川魚の清雅を愛で給うたことは、世にかくれない御逸話とあつて、あるひは鰉を格別に御嗜好遊ばされたなどの御事は、萬民の拜承するところである。大膳職に仕へ奉つた者より拜聞したものがたりにも、天皇の供御は和風のものを多く愛でまし、また野菜の類に於ては、もとはこれをすべて、京都より取寄せ給うたとのことであつた。

代々の皇室の御趣味は、わが國の歷史に於て、つねに文化藝術の中樞となり、基準となつたものである。古き御代より、廣く海外諸蠻の作物をとり入れ給ひ、又つねに斬新のものを愛で給うたが、大本は常に、無窮に遠い古代のまゝを傳へ給うたことであつた。明治の皇室におかせられても、大膳の御料に、古い遠代の遺風の多くをとゞめられたことは、必ずしもそのことについての理を立てて遊ばされたことでなく、さればことだてて申すべきことでないとは思はれるが、しかすがに尊い國ぶりの大本となる一事と拜するのである。

多くの川魚の中でも、鮎は殊に御嗜好遊したものの一つであつて、長良川上流に産するものと、近くでは伊豆大仁《オホヒト》のものを御取寄せあつて、四時の御庖廚に絶たるることがなかつたと申傳へられてゐる。御食膳《オホミケ》の御時などにも、これは京都桂川のもの、これは多摩川のものと、味ひ分け給ふほどであつたとか、時々おすべりとして女官に賜ふやうな折にも、味ひ分けよなどと命じ給うて、御興じられたことであつたと、元命婦なりし平田三枝が申してゐる。

この鮎のことと申せば、さきの北陸道の御巡幸の時の、めでたい傳説がある。所は加賀國の藥川と傳へられてゐるが、そこは鮎の名所で、この時も鮎御漁を天覽遊ばされたが、御漁の終つた後で、供奉の高崎正風を召された。高崎が御前に參ると、天皇の仰せられるのに、當地の鮎は不思議に網に入りても跳らず、一體に柔順に見えるが、これは如何した故であるかと、意外の御下問である。高崎はいたく恐懼したけれど、さすがに誠忠の豪上であつたから、「聖旨御尤に存じ奉ります、さりながら當地の鮎は、もと〳〵前田三位卿の目通りにこそは、毎々罷り出て居りますれど、一天萬乘の至尊の御前に伺候仕りますのは、今度初めてのこととて、さればひたすら恐懼謹愼仕つた次第と存じ上げました」と才ある奉答を申上げたので、殊の外に叡感あつて、御微笑をさへもらさせ給うたと申し傳へてゐる。畏き大君のかゝる時の御樣は、今に拜するが如く、かてて加へて、明治初年の至尊御側近の群臣たちの風懷と、君臣の交情の大らかさが、まことにめでたい物語である。

八

六月二日の午前八時、天皇は御馬車で赤坂假皇居を出御遊ばさる。御供につき従ひ奉るのは、東伏見宮嘉彰親王、伏見宮貞愛親王、北白川宮能久親王を御始めとして、徳大寺宮内卿以下の宮内官、侍從、近衛の將官兵士であつた。御途次は高井戸、布田《フダ》等にて御小休の上、府中驛に著御遊ばされ、こゝにて晝の供御を聞召さる。かくて御乘馬にて府中驛を發御になり、連光寺村多摩川畔の御小屋に向はせ給うた。

既にして行在所を發御遊ばすや、府中驛では煙火を打揚げ、これを合圖として、連光寺向ノ岡では大太鼓を打鳴す。天皇は金華山號に御鞭うたせ給ひつゝ、午後一時半を過ぎる頃には、連光寺下多摩川本流の、屛風岩前の御野立所御小屋に著御あらせられた。

この御小屋は間口三間半、奥行二間半、天幕を使はない代りに、二重の葭簀の中に、俄雨の用意として油紙を挾んだものを以て、切破風造りの屋根としたのは、かゝる御場所がらとてなかなか清雅簡朴に拜された。また、柱、桁、梁等は、杉の細丸太を以てし、青竹の垂木である。葭簀で周圍をかこひ、天井は白布を張りわたし、床には淸らかな洗ひ砂を敷いた。中央の玉座には毛氈を敷き、御小屋の內側は紅白緞子の幕を張つて、又外側には幔幕を廻らし、中央に御卓と御椅子を備へ奉つた。至尊御自河原に下り立たせ給うて、民の漁業を天覽遊す鮎御漁の御事だから、これらの御調度は、すべてに御質素であつたが、御趣味の豐かに拜されるものばかりであつた。又御陪觀の宮方の御座所を始め、その他の附屬の御建物も、いづれも杉丸太葭簀張りであつた。
その時、漁場の方の支度は、潑網合せて十組にて、うち連光寺四組、府中四組、關戸、一ノ宮の二村が各々一組づつであつた。次に鵜は四組にて、うち四ツ谷村が一組、他は新井村の三組である。なほ投網十五提に、大船二艘、漁舟五艘、これに漁師船夫ら百餘名を揃へ、各々部署を定めて、指揮傳令の役も設けた。かくて發御を報《シ》らす府中の花火がのどかにうち揚げられ、向ノ岡の太鼓が勇ましくひゞきわたると、待ちまうけてゐた漁夫一同は、一せいにもち場についたのであつた。

御漁の場所は、屛風岩の前方、御野立所御小屋を中心にして、上流は一ノ宮渡船場から、下流は大丸堰に到る間であつた。この區間を潑網十組、次に鵜飼四組、次に漁舟五艘に分乘した投網十五提が、順次に進んで、天皇の御前で漁りつゝ、これをくりかへしては、天覽に供し奉る。

この時第一番に進んできた潑網が御前で忽ち大きい鮎三尾を一時に抄ひあげた。この潑網といふのは、羽子網とも書いてゐる。長さ九尺幅三尺位の、絹絲で編んだ叉手《サデ》網で、これを三張で一組とし、漁夫が各々一張づゝを持ち、川の流を横斷するやう居並ぶ、そこへシラ繩と云うて、山楠の葉を藁繩に結びつけ、その兩端に曳網をつけたものをもつた曳人夫が、流れに隨つて曳きつゝ下つてくる。鮎はこのシラ繩の木の葉のぴか〳〵光るのに驚いて、水面上に潑ねあがる。これをさきの叉手網で掬ひとつて、網の袋に入れるのである。

第一番の潑網が三尾の大鮎を抄ひ上げたのを、御覽になつて、御沙汰が下つた。そこで漁師の富澤嘉平は、謹んで叉手網のまゝを荻侍従に捧呈した。侍従は網の中で跳ねてゐる鮎を、そのまゝ大御前に捧げて、天覽に供へたところ、天皇はこれを御覽遊して、畏くも御微笑を含ませられたのが、遠くにゐる漁夫たちにも拜せられた。

これにつゞいて下つてきた鵜の組が、御前に現れた。すでに鵜がしきりに鮎をついばんで居るのを、御覽になつて、富小路侍従が御沙汰を拜した。玉座の御前の、上流の水をひいて作られた生簀に泳いでゐる鮎を、鵜を使つて捕へるやう叡旨を傳へる。この鵜匠は、市川斧右衛門と云ふ者で、叡感御一入の光榮を拜し、恐懼感激して御前を退り下つたのであつた。この多摩川の鵜飼は、長良川のやうに夜舟でとるものとは異り、鵜匠は徒歩で水中に下り立ち、同時に二羽の鵜を使ふのである。卽ち長さ三十尺、幅二尺の網に錘のついたものを、自身のあと脛にかけて、徐々に流れを下ると、鮎は曳網に驚いて鵜匠の脚元に集つてくる。これを鵜が啄むのであるが、白晝であるから、鮎の動きや、鵜の水中の動作の、よく見えるところが珍しいのである。

その間にも續々と御前へ進んできた投網の隊が、船列を整へて、御前で一齊に網を投げ込み、それを追つて漁夫一同は一躍して水中に潛つたが、忽ち澤山の鮎が、銀鱗を光らせつゝ、一網ごとに網一杯に曳きあげられる。この投網は、水の深い所に居る大きい鮎をとるのが目的であつて、普通の投網とかはりのないものだが、投げ込むと同時に漁夫が水に潛り、水中で網を寄せ、これを引あげると、一時に多量の鮎がとれる。なか〱美事なものであるといはれてゐる。この時も十五提の網が次々に大漁の魚をひきあげて、一せいに

して了つた太平ぶりもめでたく、往年の宮内官の風格も、言外に清風を放つてゐる。

御漁の終り頃には、供奉一同から漁師人足に到るまで、一様に御酒饌を賜つたが、御漁中も天皇は絶えまなく御酒を聞召して、諸人の立働くさまに御滿悦遊ばしてゐたのであつた。幸次郎の謹話の續きに、「川の水も沸くかと思はれるその日の暑さのためもあつたのでせうか、實に大漁で、流れを引いた水溜へ放つた澤山の鮎や、上流下流《カミテシモテ》漁師の様を、御小屋で御酒を召し上りながら御覽遊ばす主上は、御立派な御格服を左右に大きくお搖遊ばされ、何事か御聲高にお附の方とお言葉をお交しになり、御元氣にお笑ひ遊ばして、いかにも御機嫌うるはしく拜しました。畏いことながら、今になほその御威嚴のうちにも、御やはらぎのこもらせらるゝ御尊顔を、はつきりと御追想申し上ぐるほどでございます」とものがたつてゐるのは、我らも今もほと〳〵目のあたり拜する如き思ひがするのである。

かくて御漁終つて、天皇はなほ日盛りの名殘も強い中河原の道を、御乘馬で府中行在所へ還幸遊ばされたが、その御途中に、豐御酒《トヨミキ》に豐明らびましますす龍顔を拜した故老の記憶は、なほ昭和十年の頃には、生き殘つた人の口で語り傳へられ、御手綱しづめの御樣子さへ、今見る如くに申し傳へてゐた由である。

その後幸次郎等は御小屋片付にかゝつたが、それを終つて引上げる時、掛りの宮内官から、殆ど口をきつたばかりで殘されてゐる酒樽を頂戴した。しかし幸次郎は性來御酒をいたゞけぬので、御小屋に使つた丸太一本を拜領いたしたいと願つて、即座にその一本を賜つた。かうして一同は大よろこびで、酒樽を丸太で擔いで歸つてくると、大國魂神社の境内は、随神門から鳥居まで、敷石の兩側に御廏が立ち並び、人足が群集してゐたので、酒樽をその中央に下したところ、諸人歡呼して、思ふ存分に美酒をいたゞいた。なほこの時に幸次郎の拜領した丸太は、家の修繕の時に屋根裏に用ゐたので、今も現存してゐるといふことである。

この還幸の御時に、富澤父子にも供奉せよとの御下命あつて、行在所にては御席を賜り、堤大書記官を以て、再度行幸についての忠勤を賞し給ふ敕語を拜し、御沙汰書並びに銀盃を下賜さる。政恕は感激のうちに御請書を捧呈し、自園自製の新茶銘松園一斤、玉川の螢一籠、そへて和歌二首を獻上した。

玉川にけふのみゆきのさちなれや雲井へのぼる瀬々の若あゆ
日のもとにもえし木のめのこと國の人の眠を打さますらん

この二首の歌は、獻詠の格を守つて、わが日の本の神の幸をたゝへた、治まる國祝《クニホギ》の大御代ぶりの和歌であるが、あとの一つには、かつ〳〵も、御一新の前夜より國事を思うてきた、老翁の志を述べる俤が匂うてゐる。さらに當時の、文明開化に向ひつゝある時風を思へば、やゝにして、枯骨さゝやかに國事を憂へる草莽の念が思はれて、剛直の人の情を感ずるものがあつた。

なほこの日の御漁について、天皇の大御心のあらはれの一つとして拜されたことがある。それはこの日獲給うた鮎のうちより百尾を選んで、生きたまゝに、これを青山の皇太后宮御所へ御獻進遊ばされたことであつた。交通の便少ない當時であるから、村民これを肩にのせて運ぶとき、絶えまなく水をゆすり、しきりに水をかへた。その苦心努力の甲斐あつて、すべて生きたまゝにて、その日青山御所に搬入したのであつた。

東京還幸は翌日であつた。卽ち三日午前八時、府中を發御になる。但し富小路、北條兩侍從及び屬官二名はなほ一日當地に止つて、漁舟一艘舟夫二人を傭ひ、政賢他一名の村民の案内によつて、さらに名殘のよろこびを盡したのであつた。一方村民はこの日より御小屋取拂など、あと片づけの處理に着手し、かくて六月五日、萬端終了したので、富澤家ではこの度の天盃拜受の榮譽を、村民と共に歡ぶために、全村各戸に酒饌を配與し、且つ御漁奉仕の者を招いて天盃披露の酒宴を開いた。

明治天皇の連光寺行幸は前後四度であつたが、多摩川の鮎御漁はこの一度のみであつた。折々に催し給ふ鴨御獵、鷂狩、兎狩、さては長良川の鵜飼など、中でも鴨御獵は、下總御料地、濱離宮、新宿御苑などで行はれ、最も盛んな御催であつたが、御政治に御暇のない御日常なれば、聖躬の御遊としてものし給ふことは絶えてなく、時には御名代を遣し給ふこともあつたが、大むね臣下や外國使臣に賜ふ御慰勞の思召により、時々に御名代の復奏する當日の諸臣歡喜の狀を聞召すのみで、それを聞召しては、御滿悅遊ばされるのが御例であつた。

十

明治天皇第三回の連光寺行幸は、明治十五年二月十五日、十六日の兩日に、また兎御狩を催し給うたのであつた。十四日午後十二時三十分赤坂假皇居を出御遊し、午後四時二十分府中に著御になり、前年の如く田中三四郎宅を行在所に當て給うた。かくて翌十五日午前六時三十分、東伏見宮、北白川宮の兩宮を御始めとし、杉宮内大輔以下供奉にて御乘馬に召されて多摩川原を、早朝の寒風の中に御渉り遊ばされ、富澤宅に著御あらせらる。

かくて八時發御、向ノ岡で御馬を下り給ひ、御徒歩にて第一御狩場に向はせらる。すでに御狩御本陣を承る五十名の勢子は、丸に狩の字を染め抜いた揃ひの絆纏と、紺めくの股引に身を堅め、各々棒を携へて勢揃ひを終つてゐる。やがて設けの玉座に着かせ給ふや、呼子笛ひゞきわたり、勢子は多摩川岸から、向ノ岡へ狩り登る。この時玉座に最も近い御前の網に、忽ち一頭の大兎が飛び込み、けふの山幸を壽ぎ奉つた。この向ノ岡より見下す多摩川ぞひの平野は、今は殊に開けた土地になつてゐるので、いづこを見ても往年寒村の俤を見るよすがはないが、往時用ゐられた丸に狩の字染めの勢子の衣裳一式は、今も手厚く大切に保存せられてゐる。これに對して靜かに眼つむれば、往時の御狩の盛觀は、瞼裏に彷彿たるものがあつた。

この日は、御狩場十ケ所の獲物合せて兎十一頭であつたが、わけても東伏見宮が、第一と第六の御狩場で、御手づからに兎一頭づゝをお捕へ遊されたことは、まことにめざましい御働きだつた。かくて御狩止めの後、一旦富澤宅に御引上げになり、午後六時四十分府中行在所へ還御あらせられたのであつた。

翌十六日は、前日の御疲れもあらせられず、同じく午前六時三十分には、早くも府中發御、御馬に召されて連光寺に著御、御小休あつて、八時に富澤宅を出御遊ばされ、昨日につゞいて此日は、第十一御狩場より狩り始め給ふ。そのうち第十三御狩場では、鷹匠の鷹が雉子を捕へた。かくて錢龜《ゼニカメ》で御小休遊ばされ、馬引澤《ウマヒキサハ》御野立所で御晝餐を聞召さる。さらに午後も御狩をつゞけ給ひ、第二十一番の御狩場に到つて狩り畢へ給ふ。またさきの日の如く、夜に入つて、府中行在所に還御あらせられたのであつた。

この度の兩日の御親獵は、連光寺を中心に遊ばされたが、前年の時の如く恩方、八王子方面に於ても同時に行はれ、伏見宮貞愛親王の御一隊は、別働隊として、十五日連光寺村字諏訪ノ越附近を御狩りになり、翌十六日は相談山、瓦ケ谷方面に御行動、かくて兩日の獲物合せて、兎五頭、貉一頭と註された。瓦ケ谷といふのは、往古國分寺創建の時代、その瓦を製した所と傳へられる土地である。

また同じく別働隊として、恩方、御殿峠の邊へ出動した山口侍従長の一隊は、活躍も目ざましく、猪三頭、大鹿雌雄二頭を射とめた以外に、猿一頭その他の獲物を加へ、今度も亦大功を建てて叡感を蒙つたのである。

さらに別働隊の第三隊をなす米田侍従長の一隊も、八王子を中心として行動し、山口侍従長一行の大獲には及ばなかつたけれど、兎、狸、狐、山鳥と豐富な獲物を獻上して、さすがに勇名に恥ぢなかつたことであつた。

かくて十七日、東京に還幸遊ばされたが、この日は夜來猛雨ふりしきり、車駕著御は御豫定時刻よりはるかに遅延したのであつた。

さてこの第二回兎御狩の後、五月三十一日になつて、連光寺地方は、聖上の御親獵地として公式に定められ、御狩場御本陣の役目では、政恕主務に任ぜられ、政賢は御案内を拝命する。その他既往の御獵に仕へ奉つた村民たちにも、各々役目を拝したのであつた。また行在所詰の方は、政恕は總務に任ぜられ、政賢は主務として、その他村民多數がそれぞれの役を仰付かつた。

十一

あけて十六年には、つひに連光寺御獵の仰出はなかつた。そのほどこの年の春、四月十七日には飯能に行幸あつて、近衞御親兵の演習を親しく天覽遊ばされたのであるが、この御野立所の山を今は天覽山と唱へ、こゝは帝都の人々の熟知する所である。この頂に登つて、大御世の聖德をなつかしみ、その地の眺望を愛しむことは、今日では都人の風俗とさへなつたのである。

しかるにこの月二十三日には、天皇群臣を從へさせ給ひ、小金井の櫻を御覽あるとて、車駕再び多摩の地に向ふ。御集に「四月二十三日小金井に遠乘しける時花のもとにて」との御題で、

春風のふきのまに〳〵雪とちる櫻の花のおもしろきかな

との御製を拜するのはこの時のことである。後々もこの日の御遊を叡慮に飽かず思召して、御集二十五年の部に拜する御製にも、

こがねゐの里ちかけれどこの春も人傳にきく花ざかりかな

されどもこの御製に「小金井の櫻をおもひやりて」との御題のあるのは、御政事に御暇もなく、愛で思召しつゝも、程近い土地にすら出御遊ばすに難かつた御平素が拜される。しかるに、かゝる御製にさへ、所謂御述懷と申すべき匂ひの、露もとゞめず、一首さながらの大御代ぶりにて、和樂自らののどけさのそのうちにあふるる大御歌のめでたさこそ、尊くありがたい國風《クニブリ》であつた。

かつて昭憲皇太后の御集を拜展して、十三年春小金井に行啓遊ばされし時に、

大君の深きめぐみにこがねゐの花のさかりもけふみつるかな

と詠ませ給うた一首の御歌を拜して、明治の國風の頂好と感じたことであつたが、この御歌と、さきの御製を、何思ふとの心もなく、たま〳〵並べて拜誦し奉れば、乾坤おのづからとゝのひ、天長地久と稱へられた明治の風雅のめでたさのしきりに味はれる御相聞である。いづれかの御製御歌を拜誦すれば、すでにその中に、唱和のひゞきのふくまれてゐることを知るのである。

明治十七年三月二十八日は、例ならば春まさに深む頃であるが、夜來より雪降り積り、日出後なほしきりに降りつゞけて止まぬありさまであつた。されど午過《ヒルスギ》には晩雪の件ふ寒氣も厭ひ給はず、車駕假皇居を出御遊ばさる。これぞ卽ち第四回の連光寺御狩行幸と拜せられた。されば孟春の大雪は、やがて山の幸のことぶれと、御供揃ひの面々には、寒氣と積雪をむしろ乞ひ待つばかりであつた。この度も伏見宮貞愛親王を御始めとし、供奉の諸

臣は多數である。またあづらしかつたのは、有栖川宮威仁親王の御車の拜されたことである。鹵簿甲斐路に進み、今度も府中行在所田中宅に駐め給ふ。

翌二十九日は、皇天霽れて雲影を認めず、一面の白雪の上に旭光かゞやき、その美觀云ふかたないさまであつた。早朝の出御を、路傍に拜跪奉迎した府中驛の農岩崎浪穗は

大君のみかり幸あるしるしとてゆきをみつぎとふりつもるらし

と詠じて、今日の御狩に幸多かれと祈つたのである。

御嘉例の如く、富澤宅に御小休の後、御狩は八時過より始められた。御駒を向ノ岡の櫻樹につながしめ、第一御狩場に向はせ給ふ。紅色の吹貫一流のひるがへるところは、即ち玉座と拜せられた。又左右の山腹に、紅白段々染めの吹貫を立てつらねたのは、狩場の網のありどころを示すものである。かくて玉座に卽き給ふや、勢子一せいに騷ぎ立て、脫兎跳つて網に入る。大松山御野立所で晝の供御を聞召して、午後は第七御狩場より御狩始め給ふ。かくて午後三時、第十番の御狩場迄に十二頭の兎を捕へた。ついで山ノ越にて、御小休、やがて御狩止めの令あつて、五時富澤宅に御引上げ、御小休の後、七時府中行在所に還御あらせられた。

三十日は昨日の雪は一日で消えたけれど、夜來寒氣きびしく、その朝の地上は霜白くおりて、昨日の雪に劣らぬ眺めであつた。されど午前七時には、早くも多摩川原に渡御し給うて、八時過富澤宅に著御、向ノ岡にて御下馬の後は、御例の如く御徒歩で、まづ持山に玉歩を運ばせ給ひ、源賴朝腰掛松と云ひ傳へてきた老松の、根株のみを殘すものを天覽遊

ばさる。土民の口承によれば、往昔頼朝こゝに狩くらを催し、この樹下に坐して多摩の清流を眺めたと云ひ傳へるものであつた。

　御狩は前日にひきつゞいて、第十一番の御狩場より始められ、第二十七番に到つて、畢れの令が發せられた。この一帶は坂濱、黒川、貝取、乞田《コッタ》の數村に亙る山々で、すべて御親獵區内の土地である。この日も錢龜で御小休になり、御晝餐は馬引澤にて聞召さる。當日の獲物は、兎十一頭、雉子一羽、前日と大差なかつた。午後五時には富澤宅へ御引上げになり、富澤父子並びに村方一同に御賞與と御下賜金があつて、午後六時十分府中行在所へ還御遊ばされた。

　この日錢龜の御野立所で御小休遊ばされた時、そのあたりの一帶に、馥郁として幽香のたゞよふのをお認め遊ばされた。天皇はその香を求め給うて、谷間に下り立たせられ、一叢の春蘭をみいだし給うた。その楚々とした花を御覽になつた天皇は、御杖のさきにて、御自、根かたの土を掘り起され、花を痛めぬやう、莖根を傷けぬやうに、いたはらせ給ひつゝ、侍從を召されて、枯草で根を包ましめ、直ちに行在所に屆けるやうに、御下命遊ばされた。

　畏き天皇が御自ら谷間に下り立たせて、深山の香草を採り給ふ御樣は、今に思へば、まさに盛なる大御代の、御代の繪卷の壓卷の畫題と拜されるのである。かくてその夜、行在所に還御さるるや、府中の植木職吉五郎と云ふ者を召されて、この春蘭を瑠璃染角型の鉢に栽付けさせ、都なる皇后の宮への御土産品に遊ばされたのであつた。

天皇の御集の十七年の部に、「山ふかく狩しけるをりにうぐひすのなくをきゝて」との御題にて、

はるふかき山の林にきこゆなり今日をまちけむ鶯の聲

との御製を拜するのである。この深山の春蘭と春鶯の對蹠は、まことに清く美しく、そのやさしさも、えも云はれぬほどである。されば昭憲皇太后の御集を拜披するに、この御製に和へ給うて遊ばされた御歌が發見《ミイダ》されたのである。一つは「八王子の御獵場よりかへらせたまひける日狩場雪といふことをよませたまひけるに」とあつて、

兎とる網にも雪のかゝる日にぬれしみけしを思ひこそやれ

とあり、叡慮にも三月末の春の深雪を、あかずめづらしく思召されたことなど拜察し奉る。また「おなじをり深山鶯といふことを」とて、

春もまだ寒きみやまの鶯はみゆきまちてや鳴きはじめけむ

かく二首の御歌を遊ばされてゐるのである。盛な御狩につけて、この御唱和を思ひ參らせば、さながら古の御世の物語のみやびが、今にありくとあるさまを味ふことであつた。

昭和三年十一月十日は、國擧つて、今上陛下の御大典を壽ぎ奉つた日であつた。國榮える大御代に生れ、四代の君に仕へ奉り、かつては御一新の日の生死の境を越えてきた田中光顯は、殘軀老骨に鞭うつて、五代の大君に仕へ奉る新しい志を堅めたが、近い以前より明治天皇連光寺聖蹟の顯彰を念じてきたこの老臣は、この三首の御製御歌こそ、御一體なして拜すべき國風の大御教へなりと悟り、この大なる日の喜びの中で、四尺に八尺の白紙

に謹書し奉り、これを高さ七尺、幅十三尺の小豆島産花崗岩に鐫らせて、連光寺聖蹟の大松山頂上に建立したのであつた。これが今日聖蹟記念館域内に拝する、大きさ日本一と云はれる御製御歌碑である。

この御歌碑の落成した日、田中は一首述志の作をなし、

大御歌千びきの石にゑりつけて千代にとゞめむ鶯の聲

と詠じた。光顯の生涯の風聞はともあれ、その晩年に於て、御一新の志風の護持に任じた根源力は、この心情に結びつくものであらうことを思へば、この老臣が、三首の大御歌を以て、一體の詩として拜し、こゝに明治の大御代を味つた情は、尊くなつかしく思はれる。

十二

明治天皇の連光寺行幸は、こゝに誌し竟へた前後四度の後には、また重ねてはなかつたのである。あくまで大御心にかなひ、叡慮殊にめでさせ給うた多摩横山の山川も、國と民とに注がせ給ふ深き大御心は、國務萬端を御自統べ給ひ、御繁忙の御日常に御閑暇をさき給ふ御折もなく、かくて天皇のいまずかりし日には、つひに再び眼のあたり迎へ奉る時を得なかつたのであつた。

多摩の名に負ふ玉兎も、清き早瀬に躍る若鮎も、かの幽谷の春蘭も、或ひは深山の春鶯も、叡慮の大御歌に久しく殘しおかれたことこそ、畏き極みに拜せられる。御晩年なる明治四十五年の御製に、

雪ふれば駒にくらおき野に山に遊びし昔おもひいでつゝ

と遊ばされ、加ふるにこの御製に、「思往事」との御題のあることなど、同じく畏く拜されたのであつた。田中が申したごとくに、往事とは御壯年におはしました日の、多摩の横山の御狩の御事を曰《ノタマ》ふに他なく、我らもさやうに拜し奉《タテマツ》つたのである。わけてもこの大御歌に遊びしと曰ひしことであつた。既に申す如く、畏きわが大君が野山に行幸あらせられて、大《オホ》御遊《ミアソビ》し給うた御例は、この連光寺御親獵の他には絶えてないことであつた。

この御製を、くりかへし拜誦すれば、數ならぬ者にも、そゞろ感傷の念に耐へないのである。ことにふれては、盛時の聖德を拜するよすがを思ふといふ、鬱結心《ムスバレシコヽロ》から申すことではなく、うつせみに御稜威被《カブ》りし、大き天皇の、御晩年の御述懷の畏さの感動である。御晩年なる明治四十五年、冬あけて春來らんとするころの御製であつた。同じ年同じ頃なる御製に、

九重の庭木のさくらさきにけり野山の春もさかりなるらむ
まつりごときゝをはりたるゆふべこそおのが花みる時にはありけれ
人の世のたゞしき道をひらかなむ虎のすむてふのべのはてまで
なぎぬればかくもなぎけり島山もこゆべくみえし沖つしらなみ
かりそめの事に心をうごかすな家の柱とたてらるゝ身は
百年を經たる人をも見つるかな車とゞむるところ〴〵に
かなし子をたびにぞいだすあまざかるひなの手振をしらしめむとて

いかならむことある時もうつせみの人の心よゆたかならなむ
おのづからわが心さへやすからず鄰のくにのさわがしき世は
思はざることのおこりて世の中は心のやすむ時なかりけり
くにを思ふ臣のまことは言のはのうへにあふれてきこえけるかな
しる人の世にあるほどに定めてむふるきにならふ宮のおきてを

これらは御晩年四十五年の御製より謹記したものである。今の世に拜誦して、その一つ一つを、草かげの文人の、身のおきどころとも、また生命《イノチ》のよりどころとも念じて、しとゞ感銘するばかりである。さればかく申すきはに、この日の民草のうつせみの情《コヽロ》にのつて、よき大御代の御風《ミフリ》を、いびつに傳へはせぬであらうか。

連光寺の山川が、再び龍駕を迎へ奉ることは、つひになかつたのである。御駒をつなぎ參らせた向ノ岡の櫻木は徒らに歳を送り、御前になれ奉つた玉兎は、昔を忘れぬ老爺《ヲヂ》に追はれつゝ、空しく老い朽ちた。されど皇太子を御始めとし、皇后、皇太后の行啓に、また皇族の御成もあつて、この山川の景色を愛で給うたことであつた。大正天皇が明宮と申し上げた御頃に、初めて行啓あらせられたのは、明治二十年八月二十一日、富澤父子の御案内にて鮎御漁を遊ばしたのである。時に御齡御幼くて九歳にわたらせられた。

「かなし子をたびにぞいだす」と遊ばされた、御父大君の御製を、ひそかに誦し奉り、往年の連光寺邊のひなぶりを、改めて回想したことであつた。同じ年の神嘗祭の日に、明宮には御學友を従へさせられ、再び富澤父子の御案内にて、御栗拾ひをこの地の山々で遊ばされた。次いで二十一年の神嘗祭の日にも行啓あつて、二十二年十一月三日皇太子に立ち給うて後も、二十五年、二十六年、三十三年、四十年、四十一年、四十二年と、その行啓の御回數は、あとさき合せて九度におよび、或ひは地理御見學の御爲めや、鳥類御獵の御事もあつたけれど、殆ど過半の行啓は、鮎御漁の御催であつた。さらに四十三年には泰宮聰子内親王の鮎御漁の御成あり、大正二年八月七日には、迪宮と申上げた御頃の、今上陛下の行啓を迎へ奉つた。閑院宮載仁親王の御成あつたことも、光榮の一つである。

大正天皇はなほ御幼き皇子にましました御時代より、九度の行啓を遊ばした程であるから、殊に叡慮愛でましたことと拜察し奉るのである。御治世僅かにして神去りました天皇であるが、その御代を治めさす以前より、數々のめでたい御物語を殘させ給ひつゝ、御患ひのため早く世を去りましたことは、まことに後の民の歎きであつた。北村治三郎の著した「明治大帝御逸話」と題する書は、著者も書物も、大方人に知られぬ小册子であつて、我らもその人については何一つ知るところはないが、この書の第二篇なる大正天皇の御章には、この天皇に就ての二十篇のめでたいものがたりが誌されてゐる。そのいづれもが、大方の人の知らぬありがたい御事蹟であつて、今日の草かげの民に、生色を與へるやうな、至尊のものがたりである。御歌にも、御製の御詩にも、今の人が心の眼をひらくばかりものし給うた。

大正天皇は御代知らす以前、九度にわたり多摩連光寺に行啓遊ばされたが、そのつど富澤父子が御案内に仕へ奉る例であつた。・四十年八月二日の、幾年ぶりかの鮎御漁の御時と傳へられるが、いたく老いた富澤政恕が、なほ御供の中に奔走してゐるのを、御見出し遊ばされたので、御傍近くに召寄せられ、老人の勞をいたはらせ給うて、その齡を御下問遊ばされた。既にこの時、政恕は八十四の高齡であつた。御感殊に深き御さまにて、重ねて御慰勞の御言葉を賜ひ、御手づから御前の御菓子を下されつゝ、特に帽子を被つて、御座船の日覆の下に座し居れとの、恩命を拜したのであつた。さばかりの老翁とは申せ、皇太子に仕へ奉る誠なども敢て申さず、炎天の下河原を奔走することも、慣れ來つた人ゆゑ、如何ほどのことでもなかつたが、政恕は恩命を拜して胸ふたがり、老眼に感涙の滂沱と流れるのを止め得ず、たゞありがたさに、身動きもせずかしこまつてゐた。政恕は、この月二十九日、殆ど老衰のために永眠したのであつたが、臨終に到るまでくりかへしくりかへしたことは、この時この君の御仁慈の御言葉であつたと傳へられてゐる。

英照皇太后の行啓は、明治二十年十月三日、河原より御板輿に召され、連光寺に御成り遊ばさる。富澤の家に御休泊あつて、翌日鮎御漁を台覽あり、又近在の山野を御散策遊ばされた。しかもこの御泊りの夜は、一夜すがらはげしい雨が降りつゞいたのであつた。されど片山里の、賤が伏屋の草葺屋根に降る雨は、雨音を立てず、さすがの大雨も、御眠りをさますことなくて、御眼覺の後に承れば、その夜すがらの雨をいさゝかも御存知なかつた。一夜さ天候を氣遣つて、眠り得なかつた御附の女官や、富澤の家の者がこれを承つて、一同に深い感歎を味つたと申すことである。

皇后の宮の行啓は明治十八年九月二十二日であつた。最後の連光寺行幸の御年に當りて、皇后の宮には宮中の女官を許多具し給ひ、多摩川の清き流に、鮎御漁の御遊し給うたのである。御供の女官たちが、多摩の河原に裳裾ひきならべ、緋の色の流れに映えた美しさは、たゞなる砂原も玉敷きとさへ思はれるばかりで、げに古の都ぶりの俤を、東國の地に移し給ふ初めにして終りの御盛事と拜せられた。大宮に仕へ奉る宮人たちが、天人《アメビト》さびして遊び暮した一日のさまは、今もさながら見る如く、こゝに連光寺御狩行幸のものがたりは、この日の美觀によつて、天地相應じ、乾坤相和し、日月相照す、古の歌とものがたりのみやびをうつし終へたのであつた。眼をとぢて六十年の既往をつらく\思ひつゝ、「ますらをは御獵《ミカリ》に立たしをとめらは赤裳裾ひく清き濱邊《ビ》を」と歌はれ、古の書にも誌された、青丹よし奈良の都のものがたりのまゝなる、この日の大宮ぶりを、まづ心裡に描いておきたいのである。

十三

昭憲皇太后が多摩川御鮎漁に行啓あらせられた、明治十八年九月二十二日の御出ましについては、當時の宮中にても、御代はじまつての花やかな御出門ととなへられた。この日赤坂の假皇居を出御し給うて、御途中の瀧坂では、急な坂路に御馬車をお降り遊ばされ、坂路おひろひでお過しになる。お供のあまたの女官が、列なつて從ひ奉つたさまは、眼もさめる山路のながめであつた。

さて府中の御泊は、例ならば行在所田中宅に著御あるべきところ、此度は田中三四郎方に不幸あつて、桑田佑賢宅に行啓遊ばさる。かくて府中より御駕籠にて河原に渡御あらせらる。この日多摩川岸に展かれた大宮びとの晴れの美しさは、許多の女官たちの緋の袴は水に映え、えも言はれぬ様であつた。不断は外出《ソトデ》の例も少ない女房たちが、ものみなめづらしいひなの風物に、よろこびときめく心もさながらに思はれて、ひとに劣らじと、この日のみ供の粧ひに、粧ひ競つたありさまは、御代はじめてと申すもおろかにて、絶えて久しい古の御代の例を、今に見るこゝちさへしたのであつた。大御代の御恵みを忝なみし讃へる心は、よろこびの聲とあらはれ、日ごろ物語の中に讀みなれた、古いみかどの御代のときめく日のさながらを、今のうつゝに生きてあふことと、吐息にも深く味ふのである。

かくて河原の御歡を盡し給うて、府中の御泊所に還啓なつたのは、秋の日ざしは衰へ、すでにあたりのたそがれる頃であつた。この夜はあたかも中秋の月夜にて、月の風情も殊なる御心地せられ、皇后の宮にはものめづらしい賤の御泊りに、さらに一しほの御輿にて、窓よりさす光に、女官を召して御歌詠みなどし給ふ。御集の明治十八年の條を抜き奉れば、「月前里」なる御題にて、この時の御歌が拜せらる。

てる月に白く見ゆるや里人のふきあらためし藁屋なるらむ

ほかにも數々御歌ものし給ひし由に傳へられてゐるが、今推慮してこれと申すも如何かと思はれる。この度の行啓には、月夜の山川の眺めを思召し、殊さらこの日を選びましゝ御趣きにて、されば河原より御歸途の御時刻を推し奉つても、中秋の月の出を、多摩の川岸に御覽遊ばされんとの御意に拜されるのであつた。

桑田佑榮が母の謹話として申し傳へたところによれば、御歌に里人の新しき藁屋とあるのは、桑田の宅の辰の方に、その頃新しく建てられた、木挽職孫兵衛の住宅と推察され、當時孫兵衛は大國魂神社の御普請に木挽頭を仕へ、暮しも豊かになつたので、この程に家を新築したが、その新しい藁屋が御目にとまつたのではなからうかと申してゐる。かゝる月夜の御遊に、そこはかとない民情の、御耳に入る由のあるべくはなけれど、かゝらむ事を、推し慮り奉るまでもなく、民のかそかな暮しに、かゝるなつかしまれる御思ひは御歌に溢れるばかり、今も思ふ者の情に味はれるのである。

東《アツマ》の國の始つてよりこの方のみやび事にて、申すも畏きことながら、中つ世より後幾百年、絶えて拜さなかつた宮廷の典雅をつくし給うた御遊であつた。さらに思ひ奉れば、後も無いみやびの、その最後とも拜されることが、今さらながら一方ならぬ思出となつたのである。御代の復古と申されてきた、永く久しい日の思ひの、花やかな一つは、この一日に、花開くばかりに輝いたのである。されば御遊の俤にも、代々のあはれ殊に深く、御代の優雅はこゝに極るのであつた。古の典雅なみやびも、やがて新しい文明開化の華麗に變りゆく時の移りのなかで、古ながらをうつし給ふ、艶に輝く御催は、多摩の向ノ岡の川邊の御清遊にとゞめられたのである。

この後再び、この日の如く晴やかに、從ひ奉る百の官女の、朱の裳裾ひきつゝ、皇后の宮の行啓を迎へ奉ることは、いづこの山河にもないことであつた。さればわが國風《クニブリ》のみやびの歴史より申上げる時にも、二つない大御代の御遊と拜される。

天皇の御雄々しい古ぶりの御狩と、皇后の宮の艶なる御遊の二つを、並べ誌し奉らうとの思ひは、盛なりし大御代のときめくさまを語り繼がうとの願ひの他ではなかつたのである。かゝる盛時の大御代をしろしめし、わが大君に、今生の文人の稱辭《タヽヘゴト》を竟へ奉らむとの思ひであつた。たゞに辭竟へ奉るわざに於ては、世上の聖德記に、わが足らざるところの補ひを乞ふのである。己れ文人の思ひは、わが近代の文苑の、新しい文學のことのはを幣《ミテ》ぐらとなしとゝのへ、橫山《ヨコヤマ》の如く置き足《タ》らはして、稱辭を竟へ奉らむとの願ひのうへにあつた。大御遊の尊さは、まことや山川も幸を盡して奉《タテマツ》り、今はたゞ御代をへだてて、その山川の寄りて奉《マツ》りし大御饌物《オホミケツモノ》を、稱辭竟へ奉ると誌すことすら、思へばまことに大らかなるめでたさの限りである。

御親獵に仕へ奉りし人々の、古の大御代さながらなるますらをぶりは、なほも今の世の文章に、ほと〳〵描き得るがに思はれるところであつた。されど皇后の宮の御遊を描き奉るにふさはしく、しかも敍事さへあらはになさぬかの物語の文章は、すでに我が現世にその傳への跡を失つたかと、今にして悲しまれるのである。さればたゞに、最も大なる、最も優なる、御みやび事と申上げるものである。

明治十八年昭憲皇太后の多摩川御遊をものがたらうと、きはだつた敍事を追ひ誌して、その日の俤に描き出し難い事實を感じつゝ、思ふことは、古の物語の文章は、一句一言の隅々にまで、みかどのみいのちの尊くして優なるほどをうつし奉る。されどもたとへ文章の力及ばずとも、彷彿として我が眼に浮ぶものは、天地のおのづからなる調和の如くに、明らかに奕々たるものの現れであつた。

初めに思つたことは、この天杖記の物語に、天地人の三篇を立て、天の巻に往年の御親獵を述べ奉り、これに地の巻を對して、皇后の宮の御遊を敍し、人の巻に於て、昔今の世の民草の、往事に對し奉る思ひや、この物語の縁にわたることどもを誌さうとしたのである。さればこゝでは、地の巻を描くことの難い意味を云ふにとゞめて、皇后の宮の御遊を御大略《アラマシ》を申し述べんとした、文人の思ひのみを、たゞあらはに示して、結びの巻に移らうと思ふ。

十四

多摩連光寺の聖蹟のことを初めに私に教へたのは、古からの友人の早川須佐雄であつた。早川は以前から、明治天皇の御事蹟について、なみ〳〵ならぬ思ひを寄せてゐたので、私が天皇の大御業について拜承し奉る點では、少なからず彼に負うてゐるのである。彼が連光寺の聖蹟について謹述することをすゝめたのは、この御事蹟について知る人が少くなつたからといふ理由によつてであつた。

この聖蹟の物語について、今の人が知ることの薄くなつた事實は、私もある會合の席で確め得たことである。それは都下の國民學校の教師等の集ひであつた。それらの人々の多くは、兒童をつれて聖蹟に登つてゐたが、過ぎし明治の名臣賢相として、歴史にその名をとゞめた人々が、この山村の一帶で、山の獵夫《サツヲ》と入りまざり、猪や兎を追うた、大御代の物語については、殆ど知らない有様であつた。私は連光寺の盛な日の物語に感銘すると共に、早川氏が私に筆を執れと云ふ理由をも了解したが、か丶る大なる日の神ながらの物語を、如何に寫し奉るかとの點で、多少の不安をもつてゐた。畏き大君の御名を畏み、たゞ大御所作のさながらに、いろどらずかざらず寫し奉り、我らが人生に當つて考へる道德教訓の類の思想を、その御事蹟につけて言擧せず、また恣なる解釋をなし奉ることを愼めば、及び得ぬ高さをも、いくらかたどりうるのでなからうか、自分は左樣にも考へたことであつた。

尋常不斷の例としては、我々は以前よりしば〳〵畏き御製によつて、已の世俗の思ひを述べ、あるひは現世の關心を申し、さらに何らかの教へや、主張さへ說かうとする傾きが、今さへも多いのである。たとへば深く思ひ畏みつ丶も、うつせみのおろか心の情は、なほかつ測らぬことの謬を犯し奉つてきたことであらう。

されど連光寺御狩の物語を誌し奉るきはには、神ながらのめでたさや尊さの中に、自らあふれる畏さを、言擧せずして、今より後の人に傳へねばならぬのである。古の人の歌つた、山川の依りて奉りし、かの種々の幸につけて、たゞ稱辭《タヽヘゴト》を竟へ奉るのみの文章を、草したいと念じたのであつた。この山川のあまたの幸のめでたさは、早川の心に忘れ得ぬと、ものがたつたところである。

天皇の御親獵と、皇后の宮の御舟遊を、並びに傳へる文章を、大御代の天地のおのづからと丶のふ如くに、相と丶のへる困難さは、さきの章にも述べたことだが、それを思ふにつけて、私は我國の古の物語の文章の尊さを思ひ、ひたすら感に耐へないものがあつたのである。

兒玉四郎の「明治天皇の御杖」と申す著述を、私に示したのも早川であつた。この本は昭和五年に梓にのせられてゐた。今から數へて十五年に垂んとするから、假令ひかやうな好著があらうとも、人の忘れるのは無理ではなかつた。この書物を一讀した時、その著者については何一つ知らなかつたが、こゝに誌された御事實を、そのまゝに語り傳へたいと、私は一途に考へたのである。畏き大君の御事蹟をさながらに語り傳へまつることは、我が文人の無上の任務であり、それを念じた以前の著者の志をひろめるものであらう。さやうに考へつゝ、この天杖記の物語の前篇を、昭和十九年正月號の「公論」誌上に分載した始めに、兒玉の著書のことと、已が筆を執る事情の一端と、且つはわが思ひをも加へてもらしたところ、こゝにはからずもその著者に會ふ機會を得たのであつた。

府中の行在所なりし田中三四郎の舊宅が、天皇四度の行幸を拜し奉り、前後合せて御八泊を忝うしたことは、一民家としては、歷史にも例ない盛大なことであつた。しかもこゝは、天皇御一代を通じて、大御遊の行幸のたゞ一つの聖蹟である。さればその御遺址は、殊に尊く有難い聖蹟として、厚く保全し奉るべきであるが、さしも古は榮えた田中の家も、つとに人手に渡され、そのまゝにては跡絶えるのではないかと思はれたが、今はその舊宅を町有とし、聖蹟としての保存を講じてゐる。一般にも拜觀を許されてゐるが、元本陣とは云へ、つゝましい家居にて、これを天皇の唯一つの大御遊の御遺蹟と拜することは、尊さに申すことばもないほどであつた。

聖蹟が町有となつたのは、まだ近年のことであると申してゐた。さうして今は、神位を奉齋した神座と玉座の御部屋は格別であるが、その以外の部屋は町の管理で、一般の集合に借りることを許してゐるのである。我々が訪れて拜觀した日にも、何かの商業團體の會合が催されてゐたが、こゝに集つてくる人々が、各々玄關のまへで、玉座の方に向つて拜するさまを眺めたのであつた。殊勳の獵師萬五郎が、莚を許されて、畏くも御會釋を賜つたといふのは、此所の玄關傍であつたといふ。既に六十年をはるかに過ぎた日である。山陰に猪追ひ暮した老いた獵人が、畏き大君の御前を許されたことも、今では知る人もなくなつてゐるが、一度聞けば忘れ得ぬ物語である。

兒玉四郎が今此の聖蹟の管理に仕へてゐることを知つたのは、物語の前篇を誌した後のことである。この物語を誌さうとして、私は第一公論社の人見誠美、大井靖雄と共に、一日府中に赴き、まづ大國魂神社に詣でて、それより中河原まで歩いたのであつた。そして連光寺及び八王子の地をも訪れたのであるが、その節には府中行在所を拜觀しなかつたのである。その前後のことと思ふ、行在所跡に住む老人で、兒玉某といふ人があるとの由を、人づてに教へられたことがあつた。それを教へた人に、その老人は「明治天皇の御杖」の著者の兒玉四郎ではなからうかと問ひ返すと、さやうな本を著す人の風には見えない老爺だと云うた。

行在所跡を訪れて、兒玉に對面した時に、この話をしたところ、「小使と思つたからでせう」と、その人はこともなく言ひ去つたが、行在所跡に、大君の今もいます如くに仕へ奉るこの老翁が、小使の如き姿に内も外も貫くことは、こよなくふさはしい志の現れとして、自らありがたいものを思はせたことである。

嚴冬の一日であつた。さらでもうそ寒い元本陣の建物の內は、寒氣が衣を透すばかりか、他にも殊に身に徹るもののきびしさがあつた。しかもこゝに對座して往時の物語や、御聖蹟を語るその人は、己れの語る物語の感動に、自ら身をふるはせるのである。その話の間に知つた、この老翁の身の上の概略を綴つてみると、青年學窓を出た頃に、橫濱の平沼某といふ、名負うて利にさかしい商人の番頭となつて、理財の道のむごい數々も經驗したが、過ぎし關東の大地震の日に、一朝に己が半生に築いた財を失つた。その激しい打擊の中で、一きは物質の果敢無さを痛感し、身の置きどころをなくした餘りに、久しく忘我自失の境を彷徨してゐたが、その頃に或る人の講演を聞いて愕然と覺めるものがあつた。しかしそれは、その人の說く講演の趣旨と思想によつてでなく、その講話の中で明治天皇の御事蹟にふれられたところであつた。さうしてその瞬間に、畏けれども、わが大君こそ、己れの現世の救ひのよりどころと靈感したのである。しかし大御心の深遠な現れから道に入ることは、凡愚わけても利殖の巷に半生をなじませて、世間の物慾の間を生きてきた者には、たどりつき難いところと思ひ、たゞ聖蹟の御跡をしたつて、巡禮者の如くに全國を訪れることが、いつか何かを得るだらうとの心の安らひであつた。されど身卑しい者が、高い道の教へかやうなわけで御製が生命のよりどころであつた。

をのべ給うた御製を、私に解し奉ることは、己の凡俗心を以て測り難い聖徳を、淺はかに測り奉るといふ結果に恐懼を感じ、專ら史上の事柄や、各地の敍事を遊ばした大御歌に卽し奉つて、その事柄は見聞し、土地を訪れなどするうち、必ず限りなく測り難い大御心の一端にも、通じ得るであらうと思案を定めた。兒玉はこのやうに語つた。これは思ひつめたものに現れる誠心の叡智と思はれた。これはまた、亂世にみやびを慕ひ歩いた人々の志に通ずるみちである。

兒玉が連光寺聖蹟を知つたのも、かうした心持から、四十五年の御製なる「雪降れば駒にくらおき野に山に遊びし昔おもひいでつゝ」の大御歌に、遊びしと歌ひ給うた大御心の畏さを感じ、くりかへし拜誦するうち、その御調べより、この大御遊が一度ならぬ御事の如く感じられ、次第に八王子連光寺の御狩を知るに至つたのであつた。

この二つの身の上の回顧の話は、御製に關することであるが、いづれも心に味ふべき佳話であつた。自分が早川と語り、その著書を喜び、この物語をわが手で、次の時代に新しく傳へようと思つた時には、未だこの著者のことは何一つ知らなかつたが、思ふことの一筋では、大凡に通じるものがあつたやうである。畏く尊い天皇の、大御心の醇乎たる現れなる大御歌を、わが現世の教への考へから言擧げ奉ることが、謬りの原因となる例を知る上では、我らも亦恐懼し奉つてきたことがある。

かくて兒玉四郎の生涯の後半期は、連光寺聖蹟の顯揚にさゝげられ、田中光顯を中心にして、今の聖蹟記念館が建立されるについても、彼の熱意がその大きい力となつたといふ。

されど彼自らの語つたところでは、この聖蹟が昭和三年から五年にかけて世間に顯揚され、三年に御製御歌の御碑を建て、五年に聖蹟記念館を落成した始終について、最も大きい御力づけを與へ給うたのは、他ならぬ東久邇宮稔彦王殿下であらせられた。

その折のことであるが、殿下の殊に御感銘深く遊ばされたところは、明治天皇の一視同仁の聖徳についてであつた。この事實の子細は、往時の御親獵地内に、幕府時代には特別の部落として扱はれてきた一村があつたが、往年の御親獵に、その村民を勢子に召し給ひ、その地にも御野立になつたのは、實に天皇の敕諚によつたのである。この御事實を聞し召され、稔彦王殿下は、聖蹟記念館の事業の進行中なりし昭和五年四月二十日、東京より御乗馬にて親しく連光寺に御成になり、その部落をも御訪問遊ばされたのであつた。

さきに申し上げた明治十七年の、「狩場雪」の御題の時の御歌は、昭憲皇太后の御歌のみを拜してきたが、その折の大御歌として、

ふりつもる雪ふみわけてもろ人のすゝむかりばのおもしろきかな

この御製の大御心を、今日我々が拜誦し得るのは、殿下の思召によつてであると、この大御歌を我らに教へた兒玉が申してゐる。御集に入りをらぬ大御歌の一つであつた。もろ人の御詞の中に、殿下の御感銘遊ばした、一視同仁の聖徳が拜されるのであると、兒玉は語るのである。

昭和初年は思想界は大いに傾き、いまはしい事件も多かつたのである。そのころ昭和五年に、多摩聖蹟記念館が洋風建築の偉容を、都の西に示したことの意味については、なほ

二三語るべきことがあるが、それについては何よりも、稔彦王殿下の厚い御力ぞへがあつたといふ兒玉ののべた事實を、豫めこゝに申上げておきたいのである。

兒玉四郎は府中の人でなく、四國の產と聞いた。こゝに府中の土著の人々の聖蹟に對し奉る思ひは、第一回行幸の年より滿五十五年に當る年の明治節に、府中の聖蹟保存會支部と史談會を中心に行はれた座談會にて、往時の御巡幸や、行幸啓を親しく拜した故老四人の謹話したものを速記した文書に見るべく、これは宇津木雅一郎によつて版に起されてゐる。當時この會に出席した故老は、みな七十歲八十歲以上の高齡の人であつた。

明治十三年の御巡幸に、初めて府中に鳳輦を拜してより、今年は六十五年目に當つてゐる。又最後の御狩の年より滿六十年になるのである。近ごろ人づてに聞けば、府中の有志は今年を期して、御狩行幸記念の祭りを催したいと云ふことであつた。しかもその祭りの式としては、初めての連光寺御親獵の御歸途を、府中に迎へ奉るのに、沿道の民《タミ》が手々に炬火をかゝげて、御道筋を照し奉つたのであつたが、その夜のありさまをそのまゝに、連光寺から府中にかけて、炬火をかざす行列を再現したいといふのである。思ふにこの思付きは、古の神ごとを傳へるわが國の祭り行事の古風を、いのちと血に傳はるものによつて奇しくも回想した、尊い土俗心の現れであつた。

けだし古の神わざや、神に仕へ奉りし民草の手ぶりを、手ぶりとして傳へよとは、明治天皇の御教へにして、またわが神道の源である。古のおきてや手ぶりを、新しい世の人心で考へ改め、新しい世のことばや行事にかへて云ひ現すことは、その一時こそは時宜にかなふ良案の如く思はれるけれど、決して祭りの本質ではないのである。わが國の國體の大本も亦、神代のおきてのそのまゝをうけ傳へ、高天原の神事をそのまゝに再現し給ふことが、日つぎの祭事《マツリゴト》にして、卽ち國の大典に他ならなかつた。

天皇の大嘗を中心とした御大典は、實にすべてが神代高天原の神勅の御繼承であつて、その折に拜賀した諸氏族のしきたりも、神代の天降りに仕へ奉つた先例をくりかへし、そのまゝに傳へ、卽ち再現する。かの出雲國造の神賀詞《カムヨゴト》を見ても、その御祖神《ミオヤノカミ》が天降ります皇御孫命に仕へ奉つたその日のまゝを、その日のまゝに行ふことをくりかへして、國造の世繼の度にたしかめてきたのである。府中の民が今、皇御軍《スメラミイクサ》の日に仕へ奉る心の眞心を、おのづからしこらすべく、古の大なる日を記念する祭りに、餘事を申さず言擧をせず、たゞ往年に仕へ奉つた形のそのまゝを、その記念の日に再現せんとするのは、素樸なる土俗の民心が、よくわが國の古道を傳へたあかしとも申すべきである。自分がその日の神ながらの大御所作を誌し奉らうとの志と、こゝにほゞ相通ずるものがあつた。

祭りが、神に仕へ奉つたかの大なる日の、そのまゝの傳へ事であり、くりかへし事であり、ひいて再現であつたといふことは、それを傳へ、くりかへし、再現することの中にあつて、無限の活動力と創造力と、不滅感をかきおこす所以である。府中の人々も、その大夜にわが大君に仕へ奉つた形をくりかへすことによつて、必ず親々のうれしい心を、つねに新しく生命の泉としてもちつゞけるのである。なべてのものごとをうみ出す力の根柢の事實である。

何かのはずみで、往昔の大なる日のことをあり〱と思ひ起し、その記念を思ひ立つた瞬間に、その日のまゝをさながら再びすることに思ひいたつた心は、醇朴の情のありがたく尊いものであつた。かつて御巡幸を奉迎したその日のまゝを、一年の村の大祭りとして、今日にまで傳へてゐる土地のことも、私は知つてゐる。この趣旨が、上に於ては、高天原の故事《フルゴト》を傳へる國の大典であり、中ごろのこととしても、その御代々の大君の邊に仕へ奉つた祖先の手ぶりを、ありしまゝの形で傳へた土俗は、わが國のいたる邊土に殘つてゐるのである。これが生産《ムスビ》を通して國の基となるゆゑに、わが國では文學も藝能も、おしなべて、人の考へた主義主張を恣意に横議することを根柢とせず、よろこびとした日の事と心を、善言美辭にたゝへる手ぶりであり道である。さらば我國の祭りの本質の重い部分には、まづ詔命を宣り、それに仕へ奉りし經過をのべ、最後に成果を以て返事《カヘリゴト》を申す式の上で、つねに最も重い文學が位置してきたのであつた。

今の時勢で、かゝる土俗の人心の醇なるきざしの、流れ赴いて行くところを考へるとき、私は多少の危惧を味ふのであつた。それをふと思ひ付いたものこそ、人の眞底の古ぶりの神ごころに發したとしても、それのみでは今日の多數の智慧をひきつけぬ憂へがあつた。さうして多數の生半可な智慧を納得させ、過半の人數をひきよせるためには、そこで云はねばならぬ理窟がある。時局に卽應する議論を立てて、これを錬成のためとか、思想を善導するためなどと云へば、上手な口つきと實行力のある人なら、かつ〲その理窟を通して事を行ふであらう。しかしこゝではすでに發端の心は、あとかたも無くなつてゐることに氣づかねばならない。これが遺憾なことであつた。しかもそこまで申して了へば、鍊成のためと云ふなら、何も炬火がなくともすむではないか、などといふ議論が、言葉に現れずとも、淺智慧のある者の下心で考へられるかも知れぬ。恐らく口にはされぬと思ふのは、それを口にし得ぬと思ふ、何ともない畏み心が、なほ人心にあると思ふからである。たゞに考へて、神の事を畏んで口にせぬのでも、また神の威力を怖れて口にせぬのでもないかも知れぬが、或ひは深くすなほに考へ得る人が、多少これを考へるなら、此點で思ひつくことが今でもなほある筈である。

かゝる夜の炬火を、たゞの物として考へるなら、物の費えの少い鍊成の別途を考へる可能性が出てくるのである。しかしこの炬火は、單なる松の火ではないのである。しかもかゝる時の、ものに鎭るいのちを思ひ得ないことが、わが國史の生命にふれ得ず、國の基なる神の道に卽し難い原因であつて、それが私には今日の憂へである。しかしすなほで醇なことを思ひつゝも、多數をひきつけて眼前の成功を求めるために、時局的な言擧をする人を、さらに一歩入つて私は危惧するのである。これは必ずしも一箇の府中の松火行列のことを例として申すのみでなく、政治や言論や文化から、世情一般の大小の問題に於て、この論法の弊害は多かつた。

府中の町のこの祭りが、行はれるか否かについては、まだ私は知らないし、話の進行ぶりも全然聞いてゐないのである。しかし昨今の事情の中とは申せ、この類少くめでたい祭りが、初めの人々の感じたまゝに、すなほに行はれ、まざりけなく進むことを心から望むのは、かくてまた我らのかたくなな文章も、畏き天皇の大御祭りに仕へ奉り得るものがあるからである。

十五

田中光顯を名譽會長として、連光寺聖蹟を顯揚する目的で連光會の作られたのは、昭和二年春であつたが、まづ昭和三年十一月に御歌碑を大松山上に建立し、ついで向ノ岡に對鷗荘を移したのは、昭和四年夏であつた。五年には今の聖蹟記念館が落成し、その中央に金色に輝く明治天皇御尊像が奉安せられたのである。しかもこれについては、九十歳の老臣の盡力の他に、多くの佳話が傳へられてゐる。土地の人々は勞を忘れて奉仕し、御尊像の製作に當つた渡邊長男の苦心もなみ〳〵ではなかつた。

田中の晩年の念願は、時代の精神の衰退を慨《ウレタ》んで甚しかつたやうである。彼が大洗に常陽館を作り、こゝに明治天皇御等身の御尊像を奉安したのは、たゞ民草が拜して大御代に生きる思ひにうたれることを願つたものであらう。この志に私は剛毅なものを感ずる。この言擧せぬ思ひが、彼の青年の日の志を大いに示すもののやうである。さらに帝都近郊の地を選んで、そこに御尊像を安置し奉らうとした念願も、同じ趣旨からであつた。かくてこの連光寺に著目されたのである。道といふものを教へ説く代りに、たゞに仰いで道に生きる甲斐ある心を、わきたゝせたいと願つた心は尊かつた。

昭和の初年は、類ない不吉でいまはしいことの續いた時代であつた。されば世を憂へる老臣の心には、悲痛なものがあつたのであらう。その事業は子供じみたものと評され、いまはしい言葉だが、非生産的だなどと當時の人々から嗤はれた。しかし同じ類の事業に對して、同じことを、今の人も必ず云ふであらう。しかもその日に彼が、憂憤を言擧する代りに、仰ぐべき御尊像を建立せんと志したことは、尋常の人ごころから、今よりさらに激しくうとんじられたに違ひない。

今日見る記念館の、洋風圓屋根建築の、新くて古めかしい奇妙な形態に向ひつゝ、私はさやうな一代古い人のこゝろの思ひにうたれるのである。今なればかゝる時に、錬成と云ひ、或ひは道場と云ひ、更生と云ひ、一方では近古風の奉安殿を考へるのが尋常である。それ故にこの洋風の建物が、一つの時代に面してゐた、たくましい思ひの、かたくななあはれを印象づける上でも、一しほなものがあつて、その頃を知る我々の心をうつのであつた。

この記念館のある大松山の土地は、持主であつた調布の宮川より進んで寄附したものだと聞いた。ところがこの宮川は、新選組で有名な近藤勇の實家とも承つた。めでたい物語には、いたるところになつかしい因縁が、つきまとふものである。

御尊像を完成した場所は、日暮里であつた。それより遠い多摩の山上に運び上げ、館内に安置して、祭典を終り、始めて御尊像として拝し奉るについては、製作の初めから途中の運搬にわたつて、なみ〳〵ならぬ心遣ひがあつたやうである。途上むげに發見されるやうなことでもあれば、ひいて恐懼の事態にも到る恐れがあつた。されば山上に運び上げ奉つた時には、初めて大事成れりと安堵したと、事に當つた者の談として、昭和五年九月二十九日の「報知新聞」に現れてゐる。彫刻から運搬の間にかけては、すべてを嚴重に祕め、山上にひそかに奉安して、はじめて御尊像として正式の屆出に及んだのである。

かくて昭和五年十一月九日の開館式の模様は「東京朝日新聞」の記事として、次のやうに報じられてゐる。「府下南多摩郡多摩村字連光寺の高臺に建設された、明治大帝並に、大正天皇、今上天皇陛下の行幸を記念する多摩聖蹟記念館開館式は、九日午前十一時二十分から擧行せられた。東京少年團樂隊の君が代奏樂裏に、國旗が掲揚され、開式の辭についで連光會名譽會長田中光顯伯の明治大帝の御偉蹟についての式辭の後、館内に安置された御愛馬金華山號に召さるゝ明治大帝御尊像の除幕式は、田中伯令孫田中正子（一八）孃により少年團樂隊君が代奏樂の中に行はれた。來賓の祝辭等あり、一木宮相の發聲の下に天皇陛下萬歳を奉唱し式は閉ぢられた」とあつて、當日の參列者は、田中文相、渡邊法相、江木鐵相を始め、朝野の名士多數に、府下の名譽職等合せて八千名とあつて、頭山滿、横山大觀の名もその中に見える。

御尊像奉安の趣は、拜觀した者の知るやうに、館内中央の廣間に壇を設け、この廣間の扉は常に閉されて、天井から照明を採つてゐるが、これを押開けば、前方に關東の平野と山脈が展け、眼下には多摩川の流を臨むのである。されば古の日の叡感にかなひしそのまゝに、今も御馬上遙に、過ぎにし日の眺めをつねに愛で給ふかの如く拜せられる。御尊像についてはすでに申上げたやうに、御齢三十にわたらせ給ひし、御狩の日の御英姿を象り、特に御裝束については、後の人の謬りなきやうにと、田中光顯が開館式の當日に語つたことばが、「報知新聞」に錄されてゐる。御尊像の御軍服の式については、田中自身の熟知するところで、當時は佛蘭西式であらせられ、特に御ゲートルを召されたまゝの御乘馬姿にこそ、天皇の御仁慈の現れを拜するところであつたと田中は申してゐる。卽ち時移るまで諸人と御狩を樂しみ給うた天皇は、それと御氣づきの時、畏くも、時遲れて下山するのは、諸人の迷惑であらうと思召されて、御ゲートルを御解き遊ばす間も惜まれて、御馬に召されたのである。さればこの御姿こそ、その日の御思召のほどをありのまゝに傳へ奉るものであると、田中は語りつゞけてゐる。

謹みて思ふのに、連光寺の行幸啓について、これを聖德を述べ奉る上から、如何やうに申すべきかについては、まことに我らの定め能はぬところであるが、その日の世上は、一きは深く文明開化に向つてゐた。王政復古と文明開化といふ、當時の二つの流れの上から、この行幸啓を拜したいといふことが、已れ自らには敎誡ともなる思ひであつた。こゝに於て、かの勇壯な御狩について、わが凡情にも多少悟るすべを味ふのである。さうして皇后の宮の多摩川御漁をも、さきに申した心持から拜したく思ふのであつた。

さりながら天皇の大御心の、よしや浮華に赴く人心を宸憂遊ばして、或ひはこれを警しめ給はんとの思召を推し測るとも、それをあらはに外に現し給ふべく、この勇壯の御狩を行はせ給うたと、我意のほしいまゝを大御所業に託けて申上ることは、我らの深く愼しみたいところである。事の善惡を問はず我意は人爲の私心であつて、それを以て已れの一人の教へとなすことはともあれ、神ながらなる大御心を、かゝるものなりと私意に定め奉ることは、我意の邪と申さねばならぬ。されば我らの慮りたいことは、當時の時勢人心を深く考へつゝ、さらに後の日を思ひめぐらして、神ながらの大御わざが、おのづから民一人の志の教へとなる、文學の徳用《サキハヒ》についてである。神ながらなる上には、人爲の教へはないのである。教へはこれを我が私の上に拜し奉るばかりである。畏き神ながらと、かの聖人の德の、おのづからに異る大なるけぢめについて、このあらはれとはたらきの上から、私は自他の謬り犯すところを深く愼みたいと思ふ。つくろひいろふものは、言擧であり又人爲である。最もつゝしむべきは、神ながらの道に交つて、人工を教へ强行しようとする人爲の態度である。我が私が神ながらによつて生きる道を、仕へ奉る道として云ふべきことを、神ながらの教へと一つに云ひくるめ、ひいては神ながらをさへ、特殊な道德學流の一つとなすことあれば、罪多くして怖るべき霸道僞說の强行と申さねばならない。

　これにつけて思ひ起すことは、西鄕隆盛が城山に死んだころに、「郵便報知」紙に現れた、この偉人についての思ひ出話の一つである。事實は明治の初年のことであつた。その頃西鄕の家に、鳥を捕へるのに巧みな、世に珍しい獵犬が、薩摩より到著してゐるといふことが、叡聞に達したのであつた。こゝに天皇はその犬を御覽じたく思召して、一日西鄕に率き參るやうに仰せ給うた。御旨を拜した西鄕はその翌る日、故鄕で山獵をする時の裝ひをして、犬を率ゐて吹上御苑に參上し、天皇の大御前で思召のまゝに御苑の鳥を追はせ、たちどころに一羽を捕へた。

陸軍大将の西郷が薩摩の獵夫の姿ふりして參內した物語は、往年の新聞紙に現れたもので、現に見聞した故老の物語としては傳はつてゐないやうだが、思ふにこのことは必ずあつたことであらう。これも亦當時の高官の、君に仕へて至純の情を現した、めでたい物語の一つであつて、思ひめぐらせば、明治の大御代の味へる佳話であつた。さるにしても西郷は心うれしい人であつたと、この一事に於てさへ感に耐へないものがある。さらに傳へるところによれば、その犬はこの時以來宮中にとゞめおかれ、西南の事變のころにも、なほお手許にあつたといふことである。

我々は明治天皇の御親獵を拜するにつけても、そこに現れた明治の大御代の君臣の情を念頭にして、西郷が山獵の姿で參內した佳話を思ひ起したのである。さりながらこの話にしても、そのすべてが、西郷のひたぶるにこの君に仕へた純情のあらはれであつて、何かの異常の風を、見る傍の人に示したり、あるひは顧みて他をいましめるといふ如き、近來の人の喜びさうな、寓意とか示威といふものは、西郷の發想として微塵もなかつた。されば畏ききはにも諷諫と申す如きことは、臣の心に考へ思ふべきものではない。古來よりわが國で、諷と傳へられたものは、史書によつてみれば、みな神ごころの現れで、ある時はそれが人の行動にあらはに見える事があつても、人爲の考へに發したものではなかつたのである。まことに異裝の示威で、人を驚かしおどさうなどと思ふ如き智慧によつては、雷動の民を附和させ得ても、一かどの人のまごころをひくといふことはなし能はぬことである。まして西郷が、さやうなたあいないたくらみの人でないことは、長き世の師表としてます〳〵仰がれるさまによつても明らかである。西郷は己より志の下なるものを相手として、智慧をはたらかした人でなく、一切をさゝげて、つねにまごころより君神明に仕へ奉つた純一な偉人であつた。他人を考へつゝ、君に仕へる人でなかつたことは、自ら云うた「天を相手として人を相手とせぬ」といふ言葉の眞意にも深く現れ、それを自身の道に行つた人である。

御一新の初めの名高い話に、西郷の落涙といふ逸話がある。それは大嘗會の當日、天皇が式場へ出御遊ばす時間が逼つても、西郷だけがなほ出ないので、式部寮の者が、しきりに促しに往くが、なほ一向に現れない。式部頭坊城俊政が自身で見に行くと、西郷は束帯を著けていざ出かけようとした時に、大きい腹が張つて束帯の紐が切れ、それを繕ふすべを知らないとて、周章心痛し涙を流してゐるのであつた。坊城は故實に詳しい人だつたので、直ちにこれを繕つてやり、やうやく式場へ出ることが出來たのである。この話は朝儀になれぬ武士の、朝廷出仕の笑話として當時傳へられたものだが、今日これをきくと、西郷の人となりが思はれてなつかしい。西郷はかういふ人であるから、さきの獵夫姿も、異裝の效果をよろこんだものでなく、おほらかな誠心の現れに他ならなかつたのである。

田中の建てた聖蹟記念館には、中央に御尊像を安置し奉り、その大廣間には、皇室より諸臣に下し賜うた御品々を拜展してゐるが、廣間をとり圍む半圓形の廻廊の陳列棚には、維新の志士の遺墨記念品を飾つてゐる。これらは殆ど田中の蒐集保存しておいたものであるが、この著想は大洗の常陽館に於けると同樣であつた。

しかしながら、天皇の御壮年御馬上の御像を圍んで、これを御守護し奉るやうに、あるひは歿後の志のなほ御側に仕へ奉るかの如くに、多數の志士の血涙を止めた遺品が、この一堂に集つてゐることは、すでにして大御代と國史の思ひを、切々と味はせるのである。その人の君に仕へ奉る志は申すに及ばず、物故志士に對するこの扱ひ方は、ともあれ大御代にあふを得て、泰平の世を心から鼓腹した往年の志士の、往時殉義の同志に對する思ひとして、九十翁のめでたい齡を經驗した老臣の、心憎いばかりに純朴な、童心に近い思ひを放つてゐるのである。

されぱこれを眺める國民は、御一新の盡忠悲痛の歴史を思ひ起しつゝも、轉じてこゝに國ぶりの無限のなつかしさを感じるであらう。それを口にしては、どのやうな思ひであるかを、あへて云ひ難いけれど、ゆきつくところは、大御代の感慨である。思へばこの世に魂を留めおいた人々は、この御側近に仕へ奉る形に、大方の滿足と、さらに深い志をいだくにちがひない。その故人の不滅の志は、これを參觀する今の人々の、各々の心のほど〳〵に必ずひゞき傳り、やがてはそこに鎭《シヅマ》るものと思はれる。

十六

八王子、連光寺の御親獵の御時の御用品の數々は、御下賜金の御包紙に至るまで、今も大切に保存せられて、聖蹟記念館にもその若干は拜展せられてゐる。そのうちで、この物語の初めに申上げた、天皇が御手づから切りとらしめ給うた自然木の御杖は、今は越後濁川村新崎の太古山日長堂に御神體として祀られてゐるのである。この太古山日長堂は、古山文靜宅の號であつて、こゝはかつて戊辰の役に北征總督嘉彰親王が、しばらく御本營を置かれた御遺跡で、明治十一年の北陸御巡幸の折には御小休所となつた。さらに後にも、有栖川宮熾仁親王、閑院宮載仁親王殿下の御成があつて、所縁の尊いところであるから、主の文靜がこれを深く感じ、この聖蹟を記念しその宅を保存する目的で、財團法人の組織で、千歳講といふのを作つたが、こゝに天皇の御尊位を奉祀したく考へ、御神體となる御尊影の御下賜を、元知事籠手田《コテダ》安定を通じて願ひ出たところ、籠手田がかつて山岡から贈られた天皇の御杖を、改めて贈呈したので、欣喜感銘して、これを御神靈として奉齋し、今日に至つてゐる。

この御杖のことは、初めに申した富澤政賢の謹話の中に出たもので、明治十四年第一回の兎御狩の御時、向ノ岡より第一番の御狩場に向せられる御途中で、天皇が御自切りとらしめ給うたものである。「明治天皇の御杖」といふ本は、この御杖の行方を中心にして、これを著者が發見した過程に織りなされてゐるわが君臣の道の、めでたく尊いさまを描いたものであつた。

この日長堂に奉安する御杖は、今聖蹟館にある御山獵の時の御杖と、大體に同型と承つたが、櫟の自然木の皮つきのまゝの長さ四尺ばかり、徑は一寸五分から二寸位にて、握り太のよほどに重い頑丈なものである。紐附刀袋仕立の袋に納められ、袋の表は菊桐の紋ちらし錦襴地で、裏は赤色呉呂地とある。箱は二重に作り、御杖は白桐の內箱に納め、外箱は山岡の家紋のついた黒塗箱にできてゐる由に承つた。その箱書の文には、山岡の手で「聖上御杖一箇」と白桐の箱の表に題し、裏書には「明治十四年二月神奈川縣連光寺村御獵の節、叡慮にて山岡は力あり此林中にて相應の杖を選可〻遣、此木よろしとの御沙汰有之、雜掌鎌田幸吉切取奉り候處、主上暫時此杖御携御歩行被爲在し後、御手づから下賜る所也。明治十七年十一月　呈籠手田安定君　山岡鐵太郎印」とある。

この文中に連光寺が神奈川縣となつてゐるのは、往時の行政區劃であつたとは、既に云うたところである。またこゝに姓名をあげられてゐる雜掌の鎌田幸吉と云ふのは薩摩の人、天保元年の出生にて、鳥羽伏見合戰に出陣してより、明治十九年まで宮中に仕へたが、高い官には上らなかつた。六年の皇居炎上の時には、いち早く驅けつけて、よく働き頭に火傷したが、その性質の好しさから、天皇の御殊寵を蒙つてゐた佳話は數々承つてゐる。けだし山岡が特にその姓名をあげて誌すについては、その心あつたからであらう。

拾遺集の神樂歌に「あふ坂をけさ越えくれば山びとの千歳つけとて切れる杖なり」と歌はれ、これが多少變つた形になつて、「皇神の御山の杖と山人の千歳を祈り切れる御杖ぞ」とあるのは、私の古より愛誦してきた和歌であるが、この鎌田の人となりを知るにつけて、しきりにこの歌の情に思ひをいたし、鎌田のさながら山びとの如き人がらをありがたく思つたことである。申すまでもないだらうが、山びとと云へば、中世の歌學では仙人と考へられてゐた。尋常の神仙は人間以上の權力を振うて、人をふるはせる威力の持主であるが、わが國の仙人の風俗は、みな君に仕へてやさしくつゝましく、太平の御代を樂んだなつかしい存在であつた。これはわが朝の仙人の列傳として、私が以前に誌したところであつたが、されば鎌田も、かりに云ふなら、仙人の如き宮仕へ人と申したい。さりながらこの物語に登場する人々は、位人臣の榮を極めた英雄から、獵師漁夫人足のともがらに至るまで、みな同じ列《ツラ》の臣《オミ》として、たゞ一途君に仕へ、君を畏み仰ぎ、たゞ大君の御歡びに、我を忘れてゐるさまが尊いのである。畏き大君の神ながらなるめでたさに相會うては、臣はみな高下のない一つの列に他ならぬのである。

　まことにこのことこそわが國ぶりの姿であつた。わが國ぶりの眞底に於ては、民はいづれも一つらになるのである。さればこの天杖記の物語に誌さうとした民草の姿は、この理に於て、民の上下も、各々の國意《クニゴコロ》のたゞ一つに描くことにあつた。わが人臣の位身分は、これを位と言うても、漢風《カラザマ》の名分論に說く如き位でないことは、初めにも云うたことである。人臣の位身分を漢風に云々することは、近江京以後の中つ世の風にて、古代に於ては職に天職の意趣はあつたが、それは高天原の故事を守つて皇孫に仕へまつる道に他なかつた。卽ち天職貴賤なく、等しく神の事依《コトヨ》さしに仕へ奉るのである。高天原の神々の日のまゝに、現世に天降つて皇孫に仕へ奉る道であつた。さればこの天職の意識は、直ちに祭政一致となり、經濟も開拓も、祭政につながるのである。心より大君に仕へ奉るきはに於て、職にこそ千差あつても、後世の人爲人工になる身分の高低がないといふ唯一の心情の狀態にいたることが、我國の治まる大御代ぶりである。こゝにわが天杖記に現れるさま〴〵の民草の姿に於て、我らはひそかにその理の證《アカシ》を眺め、大君の御前に於て、民は一つらであることわりを改めて深く悟るのである。このものがたりに於ては、民の道徳を説かうとするのではなく、わが人臣の道の現れを、なつかしく描き出さうと願つたのである。それをわが心に描くとともに、讀む人の心に描かしめたい。大君の邊を思うて、民草は一つらなりだとの思ひに生き得るなら、現世の大むねのよこしまは一掃される筈であつた。

こゝに古い神樂歌をしるしつゝ思つたことは、この天杖を日長堂の御主神と奉齋した奇縁は、その先熾仁親王に賜はつた千歳園の名によつて、千歳講を作つた日に、名のゆかりから早く萌してゐたとも感じられる。千歳講がやがて天杖を拜受するに到るといふことは、卽ちその名のゆかりであつたと、文章のあやとして申しても、古人馬琴の如き文人なら、これぞ名詮自性の因果なりと、一方ならぬ文學のよろこびを述べるところであらう。さうしてかやうな馬琴の感傷を納得するに足るやうな、國ぶりの佳話は、史上にいくらもあることで、馬琴ほどの讀書家なら、必ずしきりに發見して心ときめかしたところであつただらうと、追つけ古の史書典籍を樂しむすべを知るに到つて、我らも悟るものがあつたのである。

さてこの御杖を「叡慮にて」切りとらしめ給うたといふことと、またその次につゞく山岡の賜はつた大御言が、この文章に於てこの上ないところである。しかも暫時御携へ御歩行あつたとあるのは、聖上の御用にきりとらしめ給うたとの、言外の意のあるところにて、けだし天皇の御杖として御下命あれば、供奉の恐懼するところを、叡慮に思召あつて、ことさら山岡にかこつけ給ひて、大御身に御ふさはしい御杖をきらさせ給ふとの意であると、兒玉は申してゐる。或ひはかやうな傳へごともあつたのであらう。
山岡の箱書は恐懼の情の深くあふれたものであつて、改めてあれこれと推し申すまでもなく、こゝろのまことをあらはしたものである。拜聞するところによれば、天皇がこれを御携へ遊ばす時に、御側近供奉の者が直ちに奉書紙にて、御手に當るところを包み參らせたと申すことであつた。

この御杖を山岡が拜受し、さらにこれを籠手田に贈り、籠手田より日長堂古山文靜にわたつて、かくて今は遠い越路に於て、御神位として奉齋せられ給ふのである。籠手田がこの御杖を山岡から贈られたのは、劍法の奥祕を受けた時に、同時に授けられたとあつて、その間の事情は更に子細に知り得るものかもしれぬ。かくて籠手田より、さらに文靜に贈るに當つては、文靜に久しい念願があり、そのことについては、さきに云うた概略にほゞ明らかであらう。この時籠手田の記した、日長堂の天杖碑文の中には、「文靜之邸、嘗爲二龍駕北巡之行在一、文靜榮レ之、圖レ存二其蹟於永遠一、乃修二築庭園一、請二熾仁親王之書一、刻二之石一、號二千歳園一、經營積年、今玆竣レ功、余嘉二其擧一也、贈二御杖一、以爲二園主神一、傳二之萬世一」とある。この碑文の草されたのは、明治三十二年二月であつた。こゝに園の主神となしとあるのは、申すまでもなく文辭の形容ではないのである。

この日長堂の信仰上の色彩は、神儒佛を奇妙に合せて、色々の要素の混り入つたものであるが、それらは主人の醇樸の心情に源し、一面では明治の一般土俗の保守文明の性格を示すに足るものだが、さうしたことについては、別に考へる人があるであらう。こゝで私の感銘することは、明治十四年の兎御狩に、暫時、天皇の御杖となつた一本の自然木が、十數年後の明治三十二年には、級《シナ》ざかる越路の片田舎で、御神位として祀られたといふ事實である。しかもこゝに鎭座するに到るまでにも、しばしの御杖となつたばかりに、この自然木が人の上に生み出した尊い心のつながりは、永い歴史をどこまでも貫いてゆくばかりのものであつた。珍寶となり記念品となることは、わが國ぶりに於て、こゝにまさしく神となることであつた。さうしてこの一本の自然木が、山林に生ひ立ち、たま〳〵大御手にふれてより、邊遠の地の珍しい講社の、園の主神といつかれるまでの、その間の歴史を彩る君臣の美しい情や、民草の歡喜の深さを心にたどつてゆく時、わが國がらと國史の道と念とが、あり〳〵とわが心を暖くするのをおぼえるのである。

古山文靜が日長堂の主神と齋《イツ》くために、明治天皇の御ゆかりの御品を拜受したいとの念願を立て、こゝにめでたくこの御杖を拜した時の感銘は、その朴訥の口で謹述せられた講式に殘つてゐるが、文靜は、籠手田の臨終の後、近江國大津に赴いて、その遺子の手からこの御杖を拜受したのであつた。文靜はそれより近江の古社寺を巡禮して御禮心を賽し、ついで伊勢に詣で、宇治橋を渡つて五十鈴川で嗽いてゐるうちに、西行の歌が思ひ出されてしきりに感涙を催したが、五百枝の神杉の下を靜かに進んで、御社の大御前に至り、こゝに天杖を捧げて、

我が君の御杖にすがり萬代を祈るこゝろはみそなはすらん

と一首の和歌を奉獻した。この和歌も情理つゝましくて、しかも思ひのふかい心もちにあ

ふれてゐる。神州の民のすべての底にたゞよふ、思ひの現れに他なかつた。さうしてこの思ひのはてこそ、天杖のいはれである。御杖に象りこめられた聖徳を申すことはともあれ、この一本の自然木が、つひに神として齋《イツ》かれた經過が、御狩場に切られた天杖のいはれであり、わが歴史である。こゝになつかしい國がらを味ひ、わが民草の深きもの思ひと、それによつてめぐつてゆく歴史の道の、おのづからに生ひ足りるさまを味ふ人は、その大にして久しいものの根柢がたゞ一途、君に仕へ奉るまめごころと情にあつたことを知るであらう。ひいてはこのものがたりに感銘した時、この君の御ためならばといふ古ながらの雄ごころに通ふものが、わが志のうちに生きてゐるさまを、あくまで悟り感嘆するであらう。申さばそれがわが國の生命の思ひである。この感嘆のたけくたゞしく、且つ尊く高いことが、すべての物事の生産と創造の根幹である。それこそ理でなく道であつた。されば「天杖記」の、因縁のやうなつながりは、すべてよそ國の因果の理によらず、神ながら君を思ひ君に仕へ奉るわが國の民の、最もつゝましくかすかなものの上に、おのづからの道をふんで、くりひろげられて行つたものに他ならなかつた。

あとがき

一

この物語を書くについての機縁や、出來上る途中にわたつてのことがらは、作者の氣持や思ひはもとより、いくらかでもつながりのあつた人々のことは、そのすべてがこの物語の趣旨になることと考へてゐたから、あらかたながらも誌したのである。作者といふ者のもつ、尋常の感傷からではなく、さうしたことに關しては、誰が思つたよりも、私の氣持が、このゆかりと縁《エニシ》をありがたく味ひ、國ながらの情《ジヤウ》のつながりの、めでたさとたふとさを、切なく感じたからである。さればまた、この文章を讀んで、物語の事實にゆかりの思ひを告げた人のことばの中にも、私の心をうつたものは少くなかつた。私自身がその頃から今も思つてゐることの一つは、上古の人々が、現《アキ》つ神わが大君と稱《タヽ》へつゝ、遠《トホ》つ神と歌ひ奉つたことについての、あり〳〵とした實感であつた。遠つ神の語意を説いた近世の國學者は、天皇は神とも神と申して、人倫の境界に遙に遠き際に御座すなれば、かく畏み尊び稱へ奉つたのであると釋いてゐる。されども遠つ神が現つ御神に御座すといふ感覺は、とりもなほさずとか、たゞちにと云ふ語でつないでみる時、古人の實感にほとほと迫る感じを、私は切に味つたのであつた。

さて物語を誌し終へて、これが上梓のことなどを考へた時、有無もなく靖文社に托したいと思つたのである。靖文社の主《アルジ》なる南方靖一郎は、わが知友である。その上梓する本については、私もよく知り、深く信じてゐたところであつた。出版といふことに、どんな苦心をする人であるかを語るよりも、どれほどに一途な本の作者かをいふ方が、この人をよく示すと思ふ。その道に一途だから、苦心を辛苦と感じてゐない様子は、作者といふ者に共通する心意氣である。何ごとにも不自由のわかりきつた當節のことだが、さてもどんな本を作るだらうか。

こゝで上梓について、雜誌にのせた文章に、改めて廣範圍に朱筆を加へ、その折には誌さなかつた事柄も書き加へたから、あらかた改稿と申してもよいほどになつた。またこの物語を誌すころに、口ずさんでゐた三つの歌と、なほ十六あまりの歌を、卷の初めにおかうと思つた。かの序文といふものに代へたのであるが、その意は別のものである。あとの十六の歌には、遊び歌と題を誌しておいたが、遊びも鎭魂も、わが思ひでは一つになるものである。

さて南方氏にこの一たばの草稿を渡したのは、早春のことであつたが、あたかもその頃、出版業者の統合といふことがあつて、靖文社といふ名は、新しい名の大八洲と變り、この本の奧にもこの新しい名が附くことになるとか、いづれ始終この人の手によつて世に出る本だから、さらばこゝでその始末を明らかにしておかうと、かく思うたことも、このあとがきを誌す理由の一つに他ならない。

去年の秋の頃から、この物語の執筆にかゝり、同時に延喜式祝詞の私家版の複刻を思ひ立つたが、その二つを終つた今年の春の頃には、私は茫然とするほどに、身心共に疲れてゐるのに氣づいたのである。

なほ本についてのゆかりを申せば、南方氏の他に、木水彌三郎と、その名だけでも誌しておきたい。木水氏は人の知る詩人である。そしてか丶る日の文藝の底邊に、思ひをいたしつ丶、今は宇陀の松山に住んでゐる。

昨年の春から、一度は吉野から國栖《クズ》へ、一度は越前武生《タケフ》から五箇莊《ゴカノシヤウ》へと、私らは南方氏をも交へた三人で、その時々の樂しい旅をした。今年の春も同じ仲間に、奈良の前川佐美雄も加はり、奈良飛鳥や山邊道《ヤマノベノミチ》と、古い大和の史蹟にも花にも飽き足りたほどに、歩きくたぶれたことであつた。さきごろ、小村《ヲムラ》の丹生川上神社へ詣でた途中、宇陀の松山に立ちよつて、木水宅を訪れたところ、その前日に上京したとて、合憎と不在であつたが、私らは森野の藥草園を見たり、拾生《ヒロフ》の林豹吉郎の生地の址や、松山のおちついた家並の道を歩きつ丶、わが詩人が、つひにこの古い山間の町を離れない理由を、しみ〴〵悟つたことであつた。

さてこの本は、若干の部數を別にしつらへて、わが念ふ邊にさ丶げ奉りたいのである。それについては、吉野や岡本の、紙すきの翁《ヲヂ》や嫗《オウナ》たちに、殊なる心遣をうけたことであらう。また活字を拾ふ人たちにも、校正刷の出る度に、飽きずに朱筆を加へつ丶、氣苦勞な仕事を課したことは、もとより作者のよく知るところである。

こ丶に七月三十日、吾子瑞穗をつれて、伏見桃山御陵に詣で大御前にぬかづけば、默し

て跪く民の思ひは、老も若きも男《ヲトコ》女《ヲミナ》も、われとも人もみな一つである。かくてわが思ひを、

かくまでにことだて知らぬたみごころあはれとおぼしみそなはすらむ

かく進る。うつせみは明日もはからねど、神ながらまさやけき大きこの道は、眼のあたりなる齋庭《ユニハ》の、眞日照る眞玉石の限り知らず。されば代々《ヨヽ》の祖《オヤ》々の御教《ミヲシヘ》は、おほらかに心つくして語りつぐべきぞ。

昭和十九年九月十七日　作者しるす

二

初めは後記も付けないつもりでゐたこの本に、重ねてつゞきの後記を誌さうと思つたのは、因縁のありがたさと、それを默つてすまし得ない氣持のためである。

後記の日付が昭和十九年九月十七日となつてゐるのは、この日に最後と思つて校正の筆をおいたからであるが、その後にまた〳〵不十分な箇所が思ひ出されて、さらに假刷を求め、これを校了したのは、十月の中ごろか、或ひは下旬であつただらうか。この頃東京から小包を大阪へ郵送するのに、十數日を要したとは、南方氏がしきりにこぼしてゐたところだから、その月の終り頃に、漸く彼方へとゞいたことと思ふ。その折に自分は、最後の校了にもれた所や、如何かと思はれる節々の注意のために、木水氏に校正を依頼して欲し

いと、南方氏に言ひやつたのであつた。

木水氏がその校正刷を見られたのは、十一月初旬であらう。それについて若干の注意を與へられた手紙に、木水氏自身の考へとして、新村出先生に見ていたゞいては如何かとの意味が誌されてゐた。この物語は、内容が畏き至尊の御事蹟であるため、且つ宮廷の御用語や、敬稱、敬語法等について、作者としてはこれまでにも大いに心を勞し、校正に前後一年を要したのも、このことのためであつたが、自ら氣付いて疑問とした點は、その道々の人々に、問ひもし質しもしてきたのであるが、こちらの思ひの通じぬ歎きは、なほ少くはなかつた。されば新村先生の如き方が、用語語法について校閲下さるならば、わが物語のためには、まことにこの上なき榮《は》えと申すべく、且つ讀者のためにも、幸の甚しいものであると思つたが、自分は年少より先生の文學に心をよせてきたが、未だ親しく恩顧に浴する折を得ず、かつて御書信をいたゞいたことはあつたが、拜眉の機さへ得てゐないので、さし迫つたことについて、無躾にお願ひすることを、一應はためらひもしたけれど、木水氏の手紙には、頃日先生にお目にかゝつた折にも、この物語の上梓についてのお話があつた由など誌され、且つ木水氏は、久しく先生の門に出入してゐるので、その關係に甘えて、一切を木水氏の斟酌に依頼したのであつた。

その程に東京は日夜空襲下の生活に入り、物情あわたゞしいものがあつたが、十二月に入つて木水氏より便りあり、上旬には他用も兼ねて上京するにつき、その節に校正刷を持參する由を申越された。しかし木水氏の上京した頃は、かなりの規模の空襲も交へて、日夜に敵機來襲の絶え間のない狀態で、二回の來訪の打合せが、そのつど警報のためにさへぎられ、このまゝ會ふ機會がないかと危んでゐたところ、一日不意に臼井喜之介氏と共にわが家に現れたのであつた。さすがにいづれも物々しいいでたちで、こも〴〵こゝ數日來の異常の狀況を語りあつたが、やがて持參の校正刷をとり出して、夜は枕頭におき、晝はつねに持歩いてきたと、互に笑ひ合つたのである。

この校正刷は新村先生の校閲をへたもので、その注意書と記號とを一見したばかりに、私は感動を禁じ得なかつたが、さらに子細に讀み進むと、用語語法等について、或ひは拙文の前後をひき合せ、深切な注意を與へられてゐるのには、自身の不注意を恥ぢると共に、文章の心構へと用意について、おのづから修養の道を教はる感動にうたれ、しみ〴〵學恩を味つたのである。かくてこの校閲を得たことは、ありがたい機緣であつたと、深く思つた次第であつた。

校閲に當つての御意見をしるされた、先生の木水氏宛の書信によれば、京都の先生も、あたかもその時警報の發令あり、その解除後にわたつて、「敬愼憂慮の裡に」一擧に檢閲せられた由で、その中に「數時間一氣呵成なり」との語があり、さらに「ひとへに明治天皇の御盛德欽慕し奉れる微衷に出でしのみ、老後の例外に屬せり」とあるのを見て、一入感銘したのであるが、わが物語の志と願ひとして、老先生のこの御述懷は、必ずこの物語の中に誌しておかねばならぬ、有難い緣と思つたのである。日付には十一月二十四日夕六十九叟とあるから、今年は古稀に達せられたわけである。

私は木水氏にこれまでの心遣ひを深く謝し、兩氏の校閲の注意に卽し、さらに自らも氣づいてゐた數ケ所に朱筆を加へようとしたのであるが、それを始め出した途中で、今度は我が身に思ひがけぬ故障が起つたのである。

後より思へば、身體の變調はすでに十月十一月の頃から現れてゐたのであるが、それと氣づかぬ程に、時局の憂慮と空襲下の生活に、加ふるに刻明な根氣を注いでしようとした他の仕事が、一時に重荷となつて、十二月に入つてからは、疲れて牀に臥す日が多かつたが、なほも强ひて努めるほどに、宿痾は忽ち昂進し、つひに起居の氣力さへ失ひ、十九年の暮から廿年の正月初めにかけては、殆ど意識のない不安の狀態で、送り迎へるやうな始末となり、從つて校正のことも中絶のまゝ、如何ともならない有樣であつた。かくて正月の月も過ぎ、病狀は大方快方に向ひつゝも、なほ病牀を離れ得る豫測も立たず、恢復は、陽春を待つより他ないと思はれた。されば病中の時々に筆をとつて、數行を閱しては休み、また休みしつゝ、遲々として辛くも校し了へた次第である。

なほ次に誌しておきたいことは、本書に用ゐた著作の印のことだが、これは齋藤兼輔氏の作である。去秋某日、齋藤氏に會つた折に、天杖記の印を彫りませうかとの話で、卽座に依賴したのであるが、その印文については、あれこれと考へた末に、後日、紀鹿人の歌の一句を書き送つたところ、齋藤氏もこれに贊成し、日ならずして刻印を贈られたのであつた。齋藤氏は俳人として知られてゐるが、風流多藝の士で、殊に篆刻に巧なことは、この實物によつて明らかであらう。

鹿人の歌は萬葉集六ノ巻に出で、「茂崗爾《シゲヲカニ》　神佐備立而《カミサビタチテ》　榮有《サカエタル》　千代松樹乃《チヨマツノキノ》　歳之不知《トシノシラナ》久《ク》」とあつて、この末句を選んだのは、その思ひが物語の心持に卽するからである。かつ私は、千年の大樹よりうける感じの如きものを以て、わが藝術の自然至大の極致と考へてきたのである。さらにこの句は漢字のまゝによんでも、亦よくわが心持に當るからであつた。

　しかし私がこの歌の句を選んだ理由は、なほ他にもあつた。集の題辭には、「跡見茂崗之松樹歌」とあり、この跡見《トミ》は鳥見と誌し、わが鄕里である。鹿人の傳は詳細不明であるが、「續紀」に、天平十三年八月、外從五位上で大炊頭となつてゐる由が見えてゐる。この歌は鹿人が鳥見山の麓を旅して歌つたもの丶如く、この歌の他に、泊瀬河邊に至つてよんだ歌が出てゐる。思ふに都より中《ナカ》つ道《ミチ》を下つて、今の櫻井の町のほとりに出で、その茂岡の松を眺め、伊勢へのみちを泊瀬へ向つたものであらう。或ひは大伴家の跡見庄に親しい人を訪れた時の作かも知れぬ。

　なほ附言して申したいのは、この鳥見は神武天皇の鳥見靈畤の遺蹟にて、わが祭祀の上から申して、最も重い古蹟であるが、去年昭和甲申歳は、あたかも神武天皇の鳥見山御親祭より二千六百年に當つてゐたのである。この鳥見靈畤の御親祭は、所謂中洲の平定が終り、橿原宮に宮柱太敷き立て高天原に千木高知りて、大御位に卽かせ給うてより四年目に當り、卽ち平定の年よりは數歳をへてゐる。その間に全國の開發と產業の建設があつて、こゝに生民安堵するや、初めて御祖の天津神を祭り、その大御前に、新しく開かれた土地より出された物産を、幣帛として進《タテマツ》られたのである。この事實は「古語拾遺」に明らかであるが、これこそ我國の祭祀と祭政一致の根本の大御教へであり、且つ今日に當つてこれを恐察すれば、聖戰貫徹といふことの具體の狀態とは何であるかといふことについて、大いに深く悟るものがある。

けだし聖戰の貫徹とは、新附の國土の開發と産業の建設により、民がその堵に安んじ、おのづからの道に即るに至つてほゞ完成するもので、これを皇化と呼ぶので、且つわが祭祀の根本義は、自ら生産した物産を幣帛として仕へ奉るものであつた。しかも自ら生産するといふことは、神敕に從ひ奉り、故につねに神助をかゝぶりつゝ、己れの力を努めて勤勞する意味にて、この間にあつては、神助と人爲を別個の原理として考へられぬのである。されば勤勞の本義は神敕奉行にして、所謂所有の古義は事依さしより考へるべく、市民社會ないし封建社會的原理による所有觀念は、皇國の本意でないのである。わが祭りの根本義はこれ以外になく、こゝに於て民の生活は祭りの生活であり、祭政一致の政治の本義は、直ちに生産勤勞といふ民の日常生活を貫通する原理となる。

さてこの物語の中に時々に誌した、祭りとか天職といふ思想は、實にこの太古の精神をうけ傳へるものに他ならない。されば本文に天職と云へば、祭政一致に即してきた古代の、具體的な天職相續のことを申し、決して觀念的な今日の精神を恣議するものではないのである。しかもわが祭祀に關する私の思想は、天孫降臨の思想に隨順することを以て根本義とする。祭祀祭政については、今日諸說大いに行はれてゐるが、自分はただ一途、天孫降臨に現れた神ながらの思想を旨とし、從つて神武天皇祭政一致の大御事實を、絕對唯一の大教と遵奉するものである。

こゝに誌したいことは大體以上に於てつきたのである。いまや内外の事情とみに切迫し、戰局の息づまる氣合は、惻々とわれらの身邊を襲うて、ある日は病床より頭をもたげて、敵機が編隊をなして、晴れた大空を過ぎてゆくのを、靜かに眺めてゐるやうな狀態となつた。

戰局は妙機に入り、我々の態度としては、この一瞬の絕對を支配する、合戰の氣分と勝負の度胸を、自己の日常生活の原理とせねばならぬと思はれる。さらに思ふに、こゝにのみ銃後が最前線と直通するといふ、生活の構へがあるであらう。さればわが氣持の中の最も靜寂の心の底にたゞよふものは、戰果や戰局の知識の結果でなく、はた情報による判斷や見通しではない。神機まさに發せんとする氣配のきびしい嚴肅そのものである。かくて我々は、各自のもつ國史と生活の最後の一線によつて戰ひに直面し、絕對不敗の無限の戰ひを戰ふ光榮を思ふ時に臨んだ。思ふに我々は、つねに平時にも己れ自らが自らの道に於て戰つてゐなければならぬ。悠久と無限に對する努力は、時には戰ひに通じ、これは我々の文學の道に於ても、平素しきりに痛感するところである。たゞ文學の戰ひは、その規模の無形と時間の廣大のため、その所謂戰果や戰局は、たやすく卽座にわかるものではないのである。過去の例を見ても、大切な思想の眞價は、その著者の歿後五十年に至つて、やゝ世評の一部として形成されるものの如くである。この故に私は一思想を强行する思想運動といふものを、わが國風に於て一般的に否定するものである。今日いふ思想運動は、すべてが文明開化以後の、近代の考へ方の惡風に染り、さらに政治運動の代行をなしつ丶ある如き感がする。私の立場はかやうな思想の扱ひ方を、一切に否定するものである。さればこの物語も、近代の文學觀の見地から見れば、その趣旨と思想は悉く別箇のものであつた。自分の思想は、神州と皇民の原理に立脚し、民族の不滅の信を描くために、永遠の祭祀に仕へ奉らうとする微志の表現に他ならない。

さて本文を校了し、後記の文章を追記するために、私は思ひもよらない努力と、時日を要したのであつたが、その間に池上愛子さんの助力は忘れ得ない。しかるにこの後記を病牀に臥して誌さねばならぬといふことについては、私は申訣なく且つ恐懼するのである。しかし私にはこのま丶にして暖かな春を待つことが出來なかつた。もと〳〵十九年度に上梓すべく思つた本だつたが、それのならなくなつた上は、單に出版の遲速といふことから、恢復の日を待てなかつたわけではない。私はある種のなりゆきに從つて、それの指すま丶をあくまで努力して爲すことが、義務を行ふといふ意味であると思うてゐる。私はそれに從ふことによつて、安心と滿足に住し得るのである。されどこの思ひは、誠といふことを土臺とし、さらになりゆき自體が、國ぶりの考へから申せば、本有の判斷を伴つた誠の道と申すべきものと思つてゐる。

昭和二十年二月二十日　作者しるす

〈解説〉

戦中からみとし会の頃

奥西　保

「みとし会」は、昭和二十二年七月二十日京都の寺町今出川上ル幸神社で第一回が開催された。保田先生をはじめ総勢廿四人が集まって、先生の〃吉㆔彌年会開講之由於㆓神祇㆒詞〃の奏上終って、献詠歌十三首が朗詠された。

第二回は八月十七日、第三回九月廿一日以下昭和二十五年暮まで三年半に亘って毎月つづけられた。会場は、京都や大和の神社の一室を借りた。

「みとし会」のみとしとは、御年とも弥年とも書き、みは美称としとは稲のことである。なぜこのような聞きなれぬ、云いなれぬことばを、会の名に付けたかと云うと、この会の主な目的は、「延喜式祝詞」（略して式祝詞とも云う）の講義を保田先生にお願いし、且また短歌の勉強をするにあった。先生は開講の祝詞のなかで、次の如く申されている。

「……橿原宮に肇國しらしし大御教をしも畏き日の今に忌々しみ愼しみ念ふ餘

に稲筵河沿柳水往く奈倍に靡き起き立ち其根は失せじと奥津彌年會はしも天津祝詞の太祝詞事の學びに皇神の道且々辿り言靈の風雅や直通はなむとて乎遲奈伎者の念ひ一つに雄心鎮み水無月の地さへ裂けて照る日續けど吾が袖乾めやと相寄る心集り御前に乞禱む事の由を……」

この一節に「みとし会」の目的と、そして先生や我々の念いが古ながらの簡結さで美しく述べられている。〃乎遲奈伎者の念ひ一つに〃以下の文を、たゞの美文調の修辞と読みすごしては文章を読む甲斐はない。古人がその一語にこめた素懐を、己の心根にしかと受けとめる読書法も当時我々が先生から学んだことの一つだった。当時先生は数え卅八歳、我々は廿歳代の若者だった。

〃米作り〃が日本の政治・祭事、文化・思想、国民生活習俗などもろ〳〵の根本である。一言で云うと、国体の基本は〃米作り〃である。これは、日本の神話の時代から現今に至るまで、代々つゞいて変らぬ点が尊い。この大綱は延喜式祝詞に祭で神祇に申す形で伝えられているが、先生は昭和十九年四月に〃校註祝詞〃を自家出版され、また同年秋から、三回に分けて雑誌「公論」誌上に、〃鳥見のひかり〃三部作を発表された。

私は昭和十八年秋に中支から内地に帰還除隊になり、『萬葉集の精神』『皇臣論』『機織る少女』『芭蕉』『南山踏雲録』などの単行本を購入して耽読した。また「公論」に発表された、「天杖記」前后篇、「文芸日本」に発表された「御門祭詞《みかどまつりのことば》―文人の教へ」なども熟読したものであろう、〃鳥見のひかり〃と共に切抜いて白表紙をつけたものが残っている。

十九年九月号に〃鳥見のひかり―祭政一致論序説〃、つゞいて十一月号に〃事依佐志論《ことよさし》〃がのり、最后の〃神助の説〃はあけて二十年四月号に発表された。ザラ紙に所々かすれた印刷は、物資の極度に不足した戦争末期の状態を察するに十分であるが、しかし、私にとってはくがね白がねにも勝る宝であった。そのことは、当時も今も変わらない。

二十年一月中旬、私は京都から東上、突然誰の紹介もなしに、上落合の御宅に伺った。米軍艦載機六百による帝都空襲は汽車中で聞き、初めての東京のことゆえ、御宅を探すのにずい分時間がか丶ったことを覚えている。先生は昨冬から胸を患って病床にあり、だいぶ良くなったとのことで、床の敷かれてある居間に通され、しばらく話を伺ったが、どんな話だったか忘れてしまった。顎髭口髭が長く延び、六十の老人と見えた。文章から受けていた年よりとの想像と全くぴったりの姿だったので、病中のやつれなどは全然感じもしなかった。交通事情困難の上、切符入手難なこの時期に、一面識もない人に、紹介状も持たず臆面もなく会いに行った無鉄砲さは青年の特権と云うべきであろうか。ともあれ〃祭政一致論序説〃〝事依佐志論〃に感嘆した結果のやむにやまれぬ行動で、この二作を読んで伺いましたぐらいの自己紹介はしたであろう。しかし、〝神助の説〃をも含めて、三部作を理解できていたとは決して云えない。むしろ、殆んど分かっていなかったと云うほうが事実を云うことになる。

当時の私は何かを求めていた。永遠なる何か。それも、戦時下の国内に蔓延していたもろもろの観念の遊技ではなく、あたりまえの健全な日本人である我々の生活の中に、日々生きて働いている何かを。〝鳥見のひかり〃は、私の身内に、突如として天降ってきた神であった。頭による理解を越えて、三部作こそわが人生の灯、降臨されし神と直覚したのであろう。

廿年四月私は応召して大阪の中部第二十二部隊に入り、その旨を先生に知らせた。間もなく奥さんから返事のはがきが来て、保田も去る三月十八日応召致しまして中部第二十二部隊に入隊はや北支へ出立致しました云々とあった。

終戦后、我々は先生の帰還を待っていた。私と弟が二度ばかり桜井のお宅へ訪ねたが、まだ帰っておらぬという家人の返事だった。その時分、弟が知りあった奈良の師範学校の数学の先生で小川正太郎という人から、保田先生が帰還になったと聞いたのは六月に入ってからである。

〝六月三十日。大祓。保田與重郎先生を御宅にとう。岡田、松本、弟の四人なり。先生の歓待を受けて六時間有余、再会を約して去る〃このように当時の記録に誌してある。私は二度目の面談であったが、他の三人は初対面である。六時間にあまる対話には、先生もずい分疲れられたであろうが、我々にとっては、先生の疲労や迷惑に気付く余裕もない。何しろ待ちに待った先生と会いえて、快く話して下さる先生に少しでも多く学びたいという気に、時の経過などは忘却していたのは、若気の至らなさばかりではなかっただろう。いま百姓をやっていると云われた先生は、丸々と肥えて、頬なんかは、いまにも垂れ落ちそうと見えた。一年半前、病床にあった先生とは人がちがうばかりに健康そうであった。

〃再会を約して去る〃などと気取って書いているが、七月には友人桐田君の死去のことあって行けず、八月には四日と廿五日、九月は十四、十五日（一泊）と廿八日に訪問している。それ以后の記録は途絶えているが、月に二度ぐらいはお訪ねしたであろう。

廿一年十一月十七日、京都の祇園八坂神社清々館にて、桐田義信君の慰霊祭を行う。集まる者、先生以下十九名。内地帰還後奈良県外に出たのは、これが初めてと先生は云われた。桐田君は、彦根高商出身の、穏やかな性格の内に激しく多感な情熱を蔵した好ましい青年で、学生時代から先生の著作を愛読し、終戦后は先生と会えることを最大の楽しみとしていた。先生帰還されると聞いたとき、既に病重くして動くことかなわず、我々の話を聞いて僅かに心慰めているばかりだったが、七月廿一日ついに空しくなった。結核性脳膜炎であった。享年廿三歳。先生も桐田義信の名をご存知であった。慰霊祭の挙行は、多分、先生の示唆によるものであったろう。

〝神なづきしぐるゝころのわびしさや……〟に始まる八十一節からなる祭文と奉和歌一首の「桐田義信子ヲ祭ル文」を先生が奏上された。四尺余の巻紙に書かれた、細かいやさしい筆跡は、先生のその日々の嘆き吐息を思わすものがある。この祭文は、翌廿二年初めに雑誌「不二」誌上に発表された。戦后先生が公表された文の最初のものとして一部を紹介しておく。

……汝兄のみことよ、そのかくりよの耳ふりたてゝ、わが声にきけや、をぢなきものには生き死のきはもなく、いくさの庭より帰り来しを、かれかしこき時にをのゝきつゝ、玉の緒のはかなきにかけて、かつゝゝおもふことなも、ものみなうつりけるに、人のこゝろのわけて変りをりしを見しも、世のつねのなげきにはあらず、悲しみにもあらず、おのがこゝろにとぼしびなす、その大いなるものよ、われひとり生きてあらばとまをせし、むかしの人のことばぞ、まことや、云はまくかしこきかぎりなりける。……

翌二十二年の暮に「鳥見のひかり」三部作を、コンニャク版印刷して三十部発行する。私の所持する「公論」の切抜きの借覧希望者がずい分あったので、上板したいと先生に云ったところ、先生は手元にあった加朱校訂した「公論」切抜きを貸して下さった。この冊子については、講談社版「選集」第五巻所収の三部作の終りの（附記）に、

……さきの「天杖記」と共に、この「鳥見のひかり」三篇・册子にかゝげし後、加朱校訂せるものを、なきあとのこと思ひて、家人に托しおくものである。

―二十年三月

とあるもので、応召の際、万一のこと思われ、奥さんに托された。ほかのものは放っておいてもよい、これ丈は焼くなと主人に云われ、空襲のとき、背に幼い子を負い、この二作品の入った袋を腹に巻いていつも防空壕に入ったという奥さんの話をきいた。二作を遺書のつもりで、奥さんに預けられたものか。

「天杖記」は明治十四年より四度に亘った若き明治大帝多摩地方に行幸御狩をされし時のこと及び十八年昭憲皇大后が多摩川に行啓されしことと、この行幸啓に仕え奉った民草の姿を、壮重典雅な筆致で書かれた名作である。「公論」の十九年一月号、二月号、三月号にて発表された。「鳥見のひかり」と共に、戦局たゞならぬ時のもので、純真有為の青年多く出征し、読む人も少く、万一自分が戦場で果

てることあれば、ついに、再び刊行されて日の目を見ることも期し得られぬを残念と思われ、奥さんに何よりも大切にして残せと云いおかれたものであろうか。と同時に、この二作は先生にとって一期かけての貴重品だったのであろう。

それにしても、〝なきあとのことを思ひて〟の一句に、どんな想いをこめられたのであろうか。非常の日の国民の日常坐臥の心がけであったにしても、憲兵に監視させ大患いまだ癒えない身に日時の猶余ない応召を課した軍部の意図を秘かに察し、入隊のあと戦闘苛烈な戦場に送られるやもと慮られたと想像するのは、思い過しであろうか。

ともあれ「鳥見のひかり」発刊の企図は、先生の想いにかない、我々に大切な冊子を貸与して下さったのであろう。

＊本稿は歌誌「風日」の保田與重郎先生追悼号（昭和五十六年十二月）に寄せたものの抜萃である。

保田與重郎文庫　14　鳥見のひかり／天杖記　二〇〇一年十月　八　日　第一刷発行
二〇一三年六月二〇日　第二刷発行
著者　保田與重郎／発行者　中川栄次／発行所　株式会社新学社　〒六〇七―八五〇一　京都市山科区東
野中井ノ上町一一―三九　ＴＥＬ〇七五―五八一―六一六三
印刷＝東京印書館／編集協力＝風日舍
 ISBN 978-4-7868-0035-1